¡WOW!

DEJE AL CLIENTE BOQUIABIERTO CON UN **SERVICIO FUERA DE SERIE**

¡WOW!

DEJE AL CLIENTE BOQUIABIERTO CON UN **SERVICIO FUERA DE SERIE**

Performance Research Associates
Ilustraciones por John Bush

GRUPO NELSON
Una división de Thomas Nelson Publishers
Desde 1798

NASHVILLE DALLAS MÉXICO DF. RÍO DE JANEIRO BEIJING

Esta publicación ha sido diseñada para brindar información precisa y fidedigna en cuanto a la materia
que cubre. Se vende comprendiéndose que la casa editorial no presta servicios legales, de contabilidad
ni profesionales de otro tipo. Si se requiere de asesoría legal u otra ayuda experta, se deberá consultar
con un profesional competente.

Traducción: *Enrique Chi*
Adaptación del diseño al español: *Grupo Nivel Uno, Inc.*

ISBN: 978-1-60255-237-1

Impreso en Estados Unidos de América

09 10 11 12 13 RRD 9 8 7 6 5 4 3

Contenido

Prefacio

Lo que usted hace es de vital importancia

No basta con meramente satisfacer al cliente; los clientes deben sentirse «deleitados», sorprendidos de que sus necesidades no sólo han sido satisfechas, sino excedidas.

—A. Blanton Godfrey

Servir a los clientes. Estas palabras abarcan tanto. Responder a preguntas; resolver problemas; desenmarañar atascos corporativos; reparar lo averiado y hallar lo perdido; calmar a los iracundos y dar seguridad a los tímidos. Una y otra vez, hacer en los negocios lo equivalente a sacar a un conejo del sombrero.

Hace poco, trabajar en servicio al cliente era uno de los trabajos más desagradables que una persona pudiera hallar. ¿Ventas? Ese era un empleo con futuro. ¿Mercadeo? Ese era un título con cierto prestigio. ¿Publicidad? ¡Qué mística! ¿Diseño de páginas Web? ¡Realmente chévere! ¿Pero el servicio al cliente? Primitivo. Una carga. Una carrera sin destino. Los compañeros de trabajo miraban con desdén a «esos pobres que les toca tratar con clientes chillones». Y los clientes, bueno, en su mayoría veían el servicio al cliente como un título dado a personas no muy brillantes que se levantaban la mayoría de las mañanas, se miraban en el espejo, sonreían ampliamente y decían a su reflejo: «Hoy será un día divertido. Iré allá y le daré un disgusto a las primeras 217 personas con quienes hable», y que luego hacían precisamente eso. No eran imágenes precisamente positivas.

A finales de la década de 1990, cerca del desastre de las empresas *punto com*, los observadores profesionales de los negocios empezaron a reaprender algo importante. Descubrieron que las organizaciones que se dedicaban a trabajar duro para brindar a sus clientes un servicio superior obtenían mejores resultados financieros. Estas organizaciones crecían más rápidamente y producían mayores ganancias que las organizaciones que continuaban trabajando duro por darles a sus clientes lo menos posible, ya fuera por Internet, por teléfono o en persona. En pocas palabras, las empresas que resaltaban el servicio total al cliente estaban empezando a ganar más dinero y a retener a sus clientes por más tiempo que las empresas que no lo hacían.

Los investigadores también empezaron a observar que las organizaciones de servicio muy exitosas tenían costos más bajos de mercadeo, una menor cantidad de clientes disgustados y quejumbrosos, y más negocio repetido. Los clientes habían «votado con sus pies» al recorrer el camino para volver a las puertas de las empresas que bien les habían servido. Es más, el buen servicio tenía recompensas internas: la pérdida de empleados y el ausentismo eran más bajos y la moral y la satisfacción con el trabajo eran superiores en estas mismas organizaciones. Las empresas que pedían a sus empleados que se preocuparan por la felicidad de sus clientes tenían empleados más felices.

Casi de la noche a la mañana, enfocarse en los clientes, comprender y satisfacer las necesidades de sus clientes y mimar a sus clientes con cuidado tierno y amoroso fueron cosas que se convirtieron en metas organizativas críticas, y recibieron atención minuciosa. Se escribieron libros, se colgaron pancartas y se ofrecieron discursos, todos proclamando la importancia del servicio al cliente. Se iniciaba una revolución en la forma en la cual se veía y se valoraba el servicio al cliente, la cual continúa hasta hoy.

En la década que siguió al inicio de la revolución más reciente al servicio, aprendimos mucho acerca de lo que se necesita para crear y sostener una ventaja. A medida que el mundo se encoge, hemos aprendido que el buen servicio requiere una nueva sensibilidad a las diferencias culturales y expectativas variadas de servicio que tienen los clientes alrededor del mundo. A medida que los nacidos después de la Segunda Guerra Mundial, los de la generación X y los del fin del milenio continúan colisionando entre sí en el sitio de trabajo, hemos aprendido que cada generación tiene preferencias distintas en cuanto al servicio que es necesario tomar en cuenta al planificar o entregar servicio. Y luego de todo lo que hemos aprendido, todo lo que se ha escrito y dicho, la parte más importante de crear una «ventaja en el servicio» sigue siendo usted.

Lo que hace es importante. Lo que hace es trabajo, trabajo duro. Responder a preguntas; resolver problemas; desenmarañar atascos corporativos; reparar lo averiado y hallar lo perdido; calmar a los iracundos y dar seguridad a los tímidos; llevar a las personas con las cuales hace negocios a los productos y servicios adecuados, y ayudarles a disfrutar y sacarle el máximo provecho a sus compras.

La edición original de ¡WOW! *Deje al cliente boquiabierto con un servicio fuera de serie* se escribió para compartir lo que habíamos aprendido en cuanto al servicio al cliente de calidad durante quince años de observar y trabajar con miles de profesionales de servicio al cliente. Personas tales como usted que proporcionan un servicio excelente una y otra vez; verdaderos profesionales del servicio fuera de serie que hacen que las vidas y trabajos de sus clientes sean más sencillas en lugar de más difíciles, más interesantes y menos aburridas, y que disfrutan de lo lindo al hacerlo.

En los más de quince años siguientes hemos tenido la oportunidad de trabajar con miles de profesionales del servicio al cliente en todo el mundo. Y hemos aprendido más aún acerca del fino arte de entregar servicio al cliente de categoría mundial. Hemos llevado esas lecciones en la mano y el corazón y las presentamos aquí para que las considere: ¡WOW! *Deje al cliente boquiabierto con un servicio fuera de serie*, 4ª *edición*.

Ya sea que el servicio al cliente sea algo nuevo en su carrera, o que sea un profesional veterano, creemos que hay algo aquí para usted. Lo que hace es más importante que nunca para su organización. Si este libro le ayuda a hacerlo aunque sea un poquito mejor, no nos lo agradezca a nosotros, sino a los miles de profesionales que sirvieron como nuestros maestros y mentores. Y si halla que su viaje por estas páginas no sólo es útil, sino también agradable, nosotros habremos logrado *nuestra* meta de servicio al cliente.

Performance Research Associates

Agradecimientos

Cada libro que escribimos representa un esfuerzo de equipo, y la 4ª edición de *¡WOW! Deje a sus clientes boquiabiertos con un servicio fuera de serie* no es la excepción.

Debemos un agradecimiento especial a nuestro amigo y editor Dave Zielinski. Dave ha laborado con nosotros en casi todos los libros «fuera de serie» y los conoce por dentro y por fuera. Sin su compromiso y dedicación a este proyecto, no habría libro. Él escribió, editó, afinó y nos mantuvo enfocados en la tarea, y agradecemos sus esfuerzos.

Ann Thomas, instructora principal y consultora de Performance Research Associates, también fue persona clave para la creación de este libro. Sus perspectivas y experiencias con participantes en sus talleres en todo el país nos recordaron las cosas que han cambiado en el mundo del servicio al cliente y las cosas que han permanecido iguales; y que dejar a los clientes boquiabiertos con un servicio fuera de serie sigue siendo una de las maneras más perdurables e infalibles de aventajar a la competencia.

Nunca nos cansamos de ver lo que John Bush, ilustrador excepcional, nos tenía guardado. Su ingenio y ocurrencias se despliegan en las ilustraciones distintivas del libro. Estamos muy agradecidos por cómo John sacaba tiempo de su vida caótica para colaborar con nosotros en este proyecto. Su contribución ha sido vital.

Queremos agradecerles a Ellen Kadin y al equipo de AMACOM, nuestros socios valiosos y de confianza para esta serie por más de quince años. Es una relación que valoramos inmensamente.

Un agradecimiento muy especial a Susan Zemke. Su compromiso por asegurar que la obra y legado de Ron continúen es una inspiración.

En los casi veinte años transcurridos desde la primera publicación de *¡WOW! Deje a sus clientes boquiabiertos con un servicio fuera* *de serie* han cambiado muchas cosas, tanto en el mundo del servicio a los clientes como en el mundo de los autores. Esta serie de libros se originó en las ideas del desaparecido Ron Zemke, uno de los líderes de la revolución en la calidad del servicio en los Estados Unidos. Ron fue coautor y visionario de cada libro de la serie *Servicio fuera de serie*. Ha sido un honor intentar mantener con vida esa visión y compromiso inquebrantable al servicio de calidad en esta nueva edición. Esperamos haberlo logrado.

Te lo dedicamos, RZ.

Performance Research Associates

I

Los principios fundamentales de un servicio fuera de serie

Mami, Papi... Quiero ser parte del sector de servicio. ¿Quiero dejar a la gente boquiabierta?

Entregar un servicio fuera de serie, la clase de servicio que deja una impresión positiva y duradera en sus clientes, requiere más que simple cortesía. Mucho más.

El primer principio fundamental es comprender lo que es el buen servicio, desde el punto de vista de sus clientes. Lo que hace, cómo lo hace, saber lo bien que debe hacerse y volverlo a hacer una y otra vez, también son principios fundamentales.

Entregar un servicio fuera de serie significa crear una experiencia positiva y memorable en cada cliente. Significa cumplir expectativas y satisfacer necesidades, y hacerlo de modo tal que otros perciban que es fácil hacer negocio con usted. Significa buscar oportunidades para sorprender y deleitar a su cliente en formas únicas e inesperadas.

El cliente que experimente todas estas cosas será su cliente una y otra vez. Cuando entrega un servicio fuera de serie, todos ganan: Sus clientes, su empresa, y *usted*.

1

1

La única regla inviolable:

Para el cliente usted es la empresa

Las relaciones con los clientes forman parte integral de su trabajo; no son una extensión de éste.

—William B. Martin

Servicio al cliente de calidad

Los clientes no distinguen entre usted y la organización para la cual trabaja. Ni tampoco debieran hacerlo. En la mente de su cliente, usted *es* la empresa.

Los clientes no saben cómo se hacen las cosas detrás de las puertas con letreros que dicen «Empleados solamente». No conocen sus áreas de responsabilidad, la descripción de su trabajo, ni lo que puede o no puede hacer personalmente por ellos. Y tampoco les importan estas cosas. Para los clientes, esas cosas son asunto *suyo*, no de ellos.

La actitud y enfoque de ellos son claros y sencillos. «Ayúdeme con esta compra, por favor». «Sírvame de comer». «Resuelva mi problema». «Procese mi pedido, *ahora*». Los sentimientos buenos o malos que tengan los clientes hacia la empresa con frecuencia se relacionan directamente con la experiencia que han tenido con usted y la forma en la cual ha contribuido a satisfacer sus necesidades.

Cada interacción entre un cliente y un profesional de servicio es un momento en la cadena de experiencias del cliente. Si usted brinda servicio y se equivoca en el eslabón de esa cadena, probablemente estará borrando de la mente de su cliente los recuerdos del buen trato que había recibido hasta ese momento. Pero si acierta, tiene la oportunidad de deshacer los desaciertos que pudieran haber ocurrido antes de que el cliente llegara a usted.

Considere este pequeño ejemplo, sucedido en un viaje a Walt Disney World, ¡la tierra donde abunda la magia en el servicio! Una amiga nuestra visitó ese lugar recientemente y disfrutaba de un día caluroso de verano en el Reino Mágico. Después de esperar en fila por veinte minutos para obtener un helado, empezó a caminar por Main Street USA, degustando intensamente. Quitó la mirada por un momento y cuando volvió a ver, ¡se halló mirando confundida a un cono vacío! ¿Qué sucedió? Una gaviota sagaz había bajado en picada y sacado el helado directamente del cono. Ella quedó atónita, pero continuó caminando por Main Street USA, más que molesta por la situación. Unos segundos después, un joven que llevaba una escoba y recogedor se le acercó: «Disculpe, señora, vi a aquel pájaro llevarse su helado. Desdichadamente, eso sucede con bastante frecuencia. Las gaviotas en Disney no le tienen miedo a nada. ¿Me permite acompañarla para que le den otro helado? El suyo era sabor a chocolate, ¿verdad?» ¡Ella quedó asombrada! Lo que pudo haber sido un momento negativo, se transformó completamente en lo opuesto y ahora es uno de los recuerdos favoritos de Walt Disney World, uno que a ella le encanta compartir con otros.

Tal como lo hizo aquel empleado de Disney, usted puede formar o romper la cadena de servicio excelente y recuerdos memorables. ¿Es justo que tanto recaiga sobre usted? No. Pero lo justo nada tiene que ver con ello.

Cuando su trabajo requiere atender a clientes y tratar con el público, el buen trabajo que desempeñe con ellos y para ellos, tanto los agradables como los difíciles, los inteligentes y los tontos, los que quisiera

invitar a su casa a conocer a su mamá y los que desearía que no hubie-
ran nacido, determina el éxito de su empresa. En pocas palabras:

Usted es la empresa

SUGERENCIA: Hable de *yo*, en lugar de *nosotros* o *ellos*.
Para el cliente, la empresa empieza y termina con usted.
Hablar de *yo* significa que usted comprende y acepta
ese hecho: «*Lamento* mucho que le haya tomado tanto
tiempo hallar el departamento de vestidos. *¿Puedo*
ayudarle a hallar algo más?»

Ser la empresa: Es todo lo que usted hace

Algunas de las cosas que hace para brindar un servicio fuera de serie
son relativamente sencillas y fáciles, tales como escoger sus palabras
con cuidado.

Otras acciones pueden ser más complejas. Los clientes esperan
que haga que la organización trabaje para ellos. Esperan que usted
comprenda el cuadro grande y que responda a sus preguntas, resuelva
sus problemas y los dirija a las personas adecuadas para obtener las
cosas adecuadas.

SUGERENCIA: Decir «la *norma* es…» o «*ellos* no permiten
que…» dice a los clientes que usted sólo es un empleado
común. Si así se siente, nunca podrá ayudarle y fácilmente
se le podría reemplazar con una máquina o le podrían
pasar de largo como quien camina sobre una alfombra.
Separarse verbalmente de la empresa en la mente del
cliente bien puede sacarle de una situación difícil con
un cliente enfadado, pero siembra una semilla de duda
en la mente del cliente. Dice: «No confíe en que podré
ayudarle».

Lo que sus clientes desean y necesitan cambia constantemente. Igual sucede con su empresa y con usted. ¿Cómo es posible mantenerse al tanto? Permita que las tres preguntas siguientes guíen sus esfuerzos de atención personal. No las pregunte una sola vez, sino hágase estas preguntas continuamente. Utilice la información que brindan para elegir acciones que dejen boquiabiertos a sus clientes.

1. *¿Qué quieren los clientes de mí y de mi empresa?* Piense en lo que sus clientes *necesitan* y lo que *esperan*. Si no sabe, averigüe. Los empleados veteranos tendrán una buena idea de ello.

2. *¿Cómo trabajan las funciones de apoyo, por ejemplo la facturación y envíos, para servir a mis clientes?* Tome en cuenta su propio papel en ayudar a que las diferentes áreas de su empresa trabajen en armonía para su cliente. ¿A quién necesita a su lado que le socorra en ayudar a los clientes?

3. *¿Cuáles son los detalles, las cosas pequeñas, que influyen grandemente en la satisfacción de mis clientes?* El servicio fuera de serie significa prestar atención a lo que es importante a los ojos de sus clientes. ¿Sabe lo que cuenta para sus clientes?

Ser la empresa para sus clientes es lo que hace que el trabajo que desempeña sea desafiante y gratificante. En el contacto individual con los clientes, la empresa que una vez parecía vaga e impersonal cobra forma y adquiere sustancia. El poder de hacer que ese contacto sea mágico y memorable está en sus manos. El poder de hacer que los clientes sigan volviendo está en sus manos.

De este momento en adelante, que este sea su compromiso:

2

Conozca lo que es el servicio fuera de serie

Los clientes perciben el servicio en sus propios términos únicos, idiosincrásicos, emotivos, irracionales, con-
cluyentes y totalmente humanos. ¡La percepción lo es
todo!

—Tom Peters
Gurú de la administración

Los clientes son exigentes y tienen todo el derecho de serlo. Los clientes de hoy tienen más alternativas y menos tiempo que nunca. Si su
organización no ofrece lo que desean o necesitan, si no interactúa con
ellos de modo que llene o exceda sus expectativas, y no lo hace con
rapidez, sencillamente seguirán su camino, o dejarán que sus dedos
naveguen por la Internet, y llevarán su negocio a la competencia.

Y si no tiene clientes, ¡no tiene trabajo!

Los investigadores constantemente hallan que cuesta *cinco veces
más* atraer a un cliente nuevo que mantener a uno que ya se tiene. Pero
muchas empresas piensan solamente en hacer la venta, en lugar de
desarrollar relaciones a largo plazo con los clientes. Lo que es más
inquietante aún es que los investigadores hallan que en un momento
dado, hasta *uno de cada cuatro clientes* se encuentra suficientemente insatisfecho como para empezar a hacer negocio en otro lugar, si
puede hallar a alguien que prometa hacer lo mismo que usted hace,
pero en una forma ligeramente más satisfactoria. Eso representa hasta
veinticinco de cada cien personas que tienen negocios con su empre-

sa. Lo que más inquieta de todo es que apenas *uno* de esos veinticinco clientes insatisfechos le dirá que está insatisfecho. De hecho, probablemente habrá notado por experiencia propia lo poco común que es tratar con clientes que explican bien lo que quieren. Lo frecuente es que ellos esperen que usted sencillamente lo sepa, y se sienten desilusionados cuando no es así.

Por este motivo las empresas dedican mucho tiempo y dinero observando a los clientes cuando compran, haciendo encuestas por correo, hablando con ellos por teléfono y reuniéndose con ellos en persona. Como un minero que en una excavación busca el oro que ya sabe que está allí, las empresas de hoy recopilan y compaginan las cartas y tarjetas de comentarios de los clientes, buscando las quejas y las felicitaciones que les indiquen lo que la gente quiere hoy, y cómo sus necesidades podrían cambiar mañana.

Por ser un profesional del servicio al cliente, usted frecuentemente aprovecha los conocimientos que la empresa ha adquirido acerca de los clientes. Pero tiene otra fuente de información de igual importancia: Su propio contacto diario con los clientes. Por experiencia personal, usted sabe bastante acerca de lo que sus clientes desean: las acciones que llenan sus expectativas, las que las exceden y las que los decepcionan.

Esa es su ventaja especial, el fundamento sobre el cual puede edificar su propia manera única de brindar un servicio fuera de serie.

Cómo organizarse: Los factores FATES

Es útil tener un marco de trabajo que capte los múltiples factores de servicio que determinan la calidad de la experiencia que el cliente tiene con la empresa. El marco de trabajo que nos gusta fue inventado por el investigador Dr. Leonard Berry y sus colegas en la Texas A&M University. Hallaron que los clientes evalúan la calidad del servicio basándose en cinco factores:

1. *F*iabilidad. La capacidad de entregar lo prometido, de modo confiable y preciso.

2. *A*plomo. El conocimiento y cortesía que muestra a los clientes, la capacidad de transmitir confianza y competencia.
3. *T*angibles. Las instalaciones físicas y equipos, y su apariencia personal (y la de los demás).
4. *E*mpatía. El grado de interés y atención individual que muestra a los clientes.
5. *S*ensibilidad. La disposición de ayudar a los clientes oportunamente.

Lo más probable es que casi todo lo que usted hace por sus clientes y para ellos, corresponde a una de estas categorías. Piense en estos ejemplos comunes:

- Cuando atiende un pedido del cliente a tiempo, muestra *fiabilidad*.
- Cuando sonríe y le dice a un cliente: «Puedo ayudarle con eso», y lo hace, edifica *aplomo*.
- Cuando se toma el tiempo de hacer que usted y su lugar de trabajo estén presentables, está prestando atención a las cosas *tangibles*.
- Cuando es sensible a las necesidades de un cliente específico para resolver un problema, muestra *empatía*.
- Cuando observa a un cliente intrigado por un producto y le ofrece ayuda e información, demuestra *sensibilidad*.

Los cinco factores son importantes para sus clientes. En los próximos cinco capítulos examinaremos cada una de estas partes del rompecabezas del servicio al cliente con más detalle para ver cómo se combinan para crear un servicio fuera de serie que deje al cliente boquiabierto y complacido.

SUGERENCIA: Al formar un acróstico con las primeras letras de los factores Fiabilidad, Aplomo, Tangibles, Empatía y Sensibilidad, nos da la palabra FATES. Esta es una forma útil de recordar estos atributos importantes. Trate de organizar lo que conoce acerca de sus clientes usando FATES. Por ejemplo: En el archivo del Sr. Pérez, junto a Sensibilidad, puede colocar una nota que le recuerde las preferencias de responsabilidad que él tiene. Puede ser algo como: «Este cliente prefiere que se le llame. Devolverle todas las llamadas lo antes posible».

Las expectativas que tienen los clientes de las organizaciones de servicio son fuertes y claras: tenga buena apariencia, sea sensible, demuestre aplomo por medio de la cortesía y la competencia, muestre empatía, pero sobre todo, sea fiable. Haga lo que dijo que haría. Guarde la promesa del servicio.

—Dr. Leonard Berry,
Investigador, Texas A&M University

3

El servicio fuera de serie es:

Fiable

No tomes una responsabilidad que no puedas cumplir, pero ten cuidado de cumplir lo que prometes.

—George Washington

Como comandante en jefe de las fuerzas continentales en la revolución estadounidense, George Washington conocía muy bien que las vidas de miles de hombres y el destino de la nación que emergía dependían de su capacidad de distinguir entre lo que podía hacerse y lo que no. Le era necesario cumplir con sus compromisos. No había lugar para una evaluación desacertada de la situación.

Como profesional del ramo de servicio, usted forma parte de otro tipo de revolución: la revolución del servicio. Y si bien rara vez están en juego las vidas de otras personas, una porción pequeña del futuro de la empresa sí está en juego cada vez que atiende a un cliente. Allí es donde entra la fiabilidad.

La promesa del servicio

La fiabilidad significa cumplir la promesa del servicio: hacer lo que dijo que iba a hacer para el cliente. La promesa del servicio tiene tres partes diferentes para el cliente: compromisos de organización, expectativas comunes y promesas personales.

- *Compromisos de organización.* Las organizaciones hacen promesas directas a clientes por medio de publicidad y materiales de mercadeo, correspondencia y contratos dentro de la empresa y garantías y normas de servicio publicadas para que todos las lean. Además de estos, los clientes esperan que la empresa cumpla con compromisos indirectos, promesas que los clientes creen que están implícitas en la manera en la cual la empresa se describe a sí misma, a sus productos y a sus servicios. O los clientes podrían esperar que las organizaciones cumplan con los compromisos que creen que son «normales» para la industria.

Considere las expectativas que tienen los clientes en cuanto a los servicios de entrega en 24 horas. FedEx Corporation, un servicio de entrega internacional en 24 horas, promete y brinda rastreo de paquetes momento a momento. Si quiere confirmar que un paquete llegará a tiempo, sencillamente acceda al sistema de rastreo por computadora de FedEx para enterarse de que el paquete se encuentra en un camión de reparto que está en la esquina de las calles Ponce y Viña, y que se anticipa la llegada a su destino en 15 minutos. Otras empresas de entrega no deberán sorprenderse cuando los clientes exijan: «¿Cómo que no puede decirme exactamente dónde se encuentra mi paquete? Su negocio es la entrega en 24 horas, ¡así que tiene que poder hacerlo!» Sea justo o no, FedEx ha fijado una norma que se exige que los demás también cumplan. ¿Cuáles son las normas que la competencia le ha fijado a usted?

- *Expectativas comunes.* Sus clientes traen consigo expectativas adicionales a cada una de las transacciones de servicio.

Basándose en sus experiencias pasadas con usted y con otros proveedores de servicios, los clientes dan por supuestas algunas cosas sobre lo que puede y no puede hacer por ellos. Si no satisface una expectativa de un cliente, ya sea que esté enterado de ella o no, aún si usted contribuyó a formar dicha expectativa o no, tiene el mismo impacto que si hubiera quebrantado cualquier otra promesa.

Por ejemplo, muchos restaurantes ponen un aviso que advierte que «no son responsables por los artículos que se guarden en el armario de abrigos». Sin embargo, cuando los clientes entregan sus artículos directamente a un empleado, la mayoría de ellos supone que alguien cuidará de sus pertenencias. Tener un lugar atendido por un empleado donde dejar los abrigos en vez de un perchero abandonado crea una expectativa de seguridad, aun si existe una advertencia clara al contrario.

- *Promesas personales.* La mayoría de las promesas de servicio al cliente vienen de usted. Estas son las promesas que hace cuando le dice a un cliente: «Le devolveré la llamada cuando tenga la información», o «El paquete le llegará en dos semanas», o «Comprendo el problema en su computadora y este programa que puede descargar lo resolverá». Está respaldando esas promesas y los clientes le exigirán que las cumpla.

Saber lo que los clientes esperan es el primer paso para crear un servicio fuera de serie. Al hacer preguntas a los clientes y colegas y escuchar atentamente a sus respuestas, podrá descubrir detalles de la promesa de servicio que los clientes esperan que cumpla.

Administración de las promesas

La promesa del servicio puede y debe gestionarse. Una vez que sepa lo que sus clientes esperan y no esperan, la promesa que quieren que usted haga, estará en posición de forjar las expectativas de

los clientes según lo que en realidad puede hacer y hará por ellos. Cuando se hace esto bien, los clientes estiman que usted y su organización son fiables.

Digamos que usted es vendedor en un almacén que vende muebles fabricados a pedido. María Pérez entra buscando un escritorio y una gaveta de archivo. Ella nunca ha comprado muebles a pedido antes y supone (tiene una expectativa) que tiene la mayoría de los modelos en inventario y que ella podrá llevarse a casa lo que compre hoy mismo. Su reto es cambiar las expectativas de ella de modo que correspondan con lo que su organización puede hacer por ella.

Usted muestra lo que su organización promete, el compromiso de ofrecer productos de calidad, mientras la dirige hacia varios escritorios y gavetas de muestra en la sala de exhibición. Tal vez hasta hay un exhibidor que muestra el proceso de fabricación a pedido. Usted recalca el mensaje de la organización con una promesa personal: «Nuestros escritorios a pedido nos permiten combinar las características que mejor satisfacen su necesidad con una fabricación de la más alta calidad. Si podemos decidir el diseño que desea hoy, puedo entregarle el escritorio en dos semanas».

Ahora María comprende con claridad la promesa del servicio. Ella podría decidir que vale la pena esperar por la calidad que se le ofrece. Si ella realmente necesita tener su escritorio hoy, en cuyo caso usted no podrá cambiar sus expectativas *esta vez*, por lo menos saldrá del almacén sabiendo la diferencia entre los muebles fabricados a pedido y los de fabricación genérica. Y ella podría recomendar su negocio a un amigo o colega basándose en esa mejor comprensión de su capacidad.

Reparación de promesas rotas

Algunas veces las promesas hechas de buena fe no pueden cumplirse. Por mucho que nos esforcemos de estar libres de errores, es inevitable que sucederán problemas. No todo lo que afecta la experiencia que el cliente tiene con usted se encuentra bajo su control. ¿Qué hacer cuando se rompe una promesa de servicio? La primera tarea es pedir disculpas, en el caso ideal, comunicándose con los clientes antes de que ellos se comuniquen con usted. No desperdicie tiempo buscando a quién culpar: a usted mismo, a la empresa o al cliente. Reconozca que algo ha salido mal y de inmediato averigüe lo que el cliente necesita ahora. ¿La rotura de una promesa ha creado otro problema? ¿O, quizás, ha creado una oportunidad para que rescate su reputación de ser fiable?

SUGERENCIA: Nunca prometa de más con el fin de obtener la venta. En la economía tan sensible al servicio de la actualidad, el servicio no termina con la venta, sino que apenas empieza. Cumplir las promesas que hace

y sólo prometer lo que puede cumplir es la esencia de
la fiabilidad.

Por ejemplo, suponga que María Pérez, la que deseaba comprar
aquel escritorio, comprende que la entrega tardará dos semanas, pero
usted acaba de averiguar que las entregas están teniendo aproximadamente tres días de retraso. Si no llama para darle las malas noticias,
puede estar seguro de que ella le llamará cuando el escritorio no le
llegue el día que se le dijo, y no estará feliz en cuanto al retraso. Sin
embargo, si toma la iniciativa y la llama, tal vez descubra que el retraso es aceptable. O si ella tiene una reunión importante y necesita tener
muebles en su oficina en ese día específico, podría hacer arreglos para
prestarle unas unidades hasta que llegue su pedido. Entonces usted (y
su empresa) quedarán como los héroes.

No puedes prometerles tiempo soleado a los clientes, pero sí puedes prometer que sostendrás un para-
guas sobre ellos si llueve.

—Aviso en un centro de servicio por teléfono

4

El servicio fuera de serie es:

Sensible

Una rosa a tiempo vale mucho más que un regalo de mil dólares que llega tarde.

—Jim Rohn
Autor y orador motivacional

La puntualidad siempre ha sido importante. Y hoy, una acción sensible, hacer las cosas en el momento oportuno, es aún mucho más crucial. Sólo hay que observar la cantidad de negocios que han surgido para hacer las cosas rápidamente:

- FedEx obtuvo éxito internacional por entregar cartas y encomiendas pequeñas «absoluta y positivamente en cualquier momento».
- Los laboratorios de óptica LensCrafters prometen «gafas personalizadas en aproximadamente una hora».
- Google edificó su éxito por medio de proporcionar acceso instantáneo a un universo vasto de información con sólo un clic del ratón.
- CameraWorld.com, proveedor de productos de fotografía por Internet, envía aproximadamente un noventa por ciento de sus pedidos en menos de veinticuatro horas después de haberlos recibido.

Las grandes empresas proveedoras de servicio no tienen ganado el mercado de la puntualidad. En todas partes puede hallar lavanderías con entrega el mismo día, revelado de fotos en cincuenta y cinco minutos y cajeros automáticos con servicio las veinticuatro horas del día. Al mismo tiempo, un número cada vez mayor de empresas fabricantes tradicionales utilizan el método de gestión de inventario «Justo a tiempo» (JIT, por sus siglas en inglés), que consiste en pedir lo necesario de modo que llegue justo a tiempo. Y algunas veces, «en el último momento».

Las empresas que ofrecen sus servicios al cliente preocupado por el tiempo están por todas partes. Su éxito afecta las expectativas que tienen los clientes de la disposición y capacidad que tenga usted de hacer lo mismo. Poco sorprende entonces que los clientes exijan tiempos más cortos de entrega y servicio más rápido que nunca antes. Cuando ven que otros prometen rápido, rápido, rápido, esperan que usted haga lo mismo.

Fijar —y cumplir— plazos de entrega

A veces parece que todos quieren que todo se haga al mismo tiempo. Pero es un error pensar que los clientes no aceptarán nada menos que «en este instante». Por otro lado, si usted se otorga demasiado «espacio para acomodarse», o tiempo para efectuar el trabajo, podrá parecer lento, lo cual hace que usted y la empresa parezcan poco capaces de responder.

Empiece por averiguar lo que el cliente realmente necesita y para cuándo. Existe una diferencia grande entre: «Necesito que la lavandería me tenga esto listo para usarlo en dos días», y «Quiero mandar a lavar estos abrigos de invierno antes de guardarlos por el cambio de estación». Utilice esa información para fijar un plazo que funcione bien para usted y propóngaselo al cliente. Nueve de cada diez veces escuchará la respuesta «sí». Si esa sugerencia no funciona, el cliente se lo hará saber y juntos podrán buscar una alternativa. Los clientes aprecian y recuerdan este tipo de sensibilidad hacia sus necesidades.

SUGERENCIA: Cuando tenga dudas, pregúntele al cliente: «¿Para cuándo le gustaría tener esto?» Tal vez tenga una sorpresa agradable si ellos eligen un plazo razonable, o quizás hasta le pregunten: «¿Para cuándo puede tenerlo listo?» Un beneficio adicional de ello es que esto da al cliente la sensación de participación y control. Nos sentimos más cómodos cuando percibimos que tenemos algo de control sobre nuestra vida y las cosas que nos rodean.

Los plazos de entrega son importantes, pero son creados por personas. Cuando usted dice a un cliente: «Estará listo para esta tarde» o «Lo enviaré por correo hoy», está creando una expectativa para el cliente y fijándose un plazo. Sea realista, porque una vez que se crea el plazo de entrega, se convierte en una vara que medirá su éxito o fracaso. El servicio fuera de serie resulta de crear expectativas aceptables y realistas de sensibilidad en la mente de los clientes y luego satisfacer dichas expectativas.

Cuando los clientes tienen que esperar

El mejor momento para cualquier cosa es el momento que resulta mejor para el cliente. Pero la insatisfacción no siempre se mide en minutos. En lugar de ello, la insatisfacción frecuentemente es resultado de la incertidumbre. Las investigaciones muestran que el aspecto más frustrante de la espera es *no saber cuánto habrá que esperar*.

Una amiga nuestra recientemente llevó su automóvil a ser atendido por un mecánico un lunes por la mañana. Al no recibir noticias en todo el día, decidió llamar al taller por la tarde de ese mismo lunes y se disgustó al enterarse que los mecánicos ni siquiera habían mirado su automóvil todavía. Ella se había tomado el día libre del trabajo y podría haber estado haciendo algunas diligencias todo el día en lugar de pasarlo sin vehículo. Un poco de información por adelantado le habría ahorrado tiempo, ¡y habría permitido al taller conservar a una cliente!

Esté atento a lo que los clientes estiman como una espera razonable. Por ejemplo, según un estudio realizado por la revista *Restaurants & Institutions* (Restaurantes e Instituciones), para los clientes de restaurantes de comida rápida, «rápido» significa cinco minutos o menos, mientras que para los que van a cenar a un restaurante familiar están dispuestos a esperar hasta treinta minutos para que lleguen sus alimentos especialmente preparados. De modo similar, en el negocio de las ventas, las expectativas pueden variar según la hora del día o la estación del año. Los clientes son menos capaces, por no decir que están menos dispuestos, a esperar que los atiendan durante su hora de almuerzo en un día de trabajo que en una tranquila tarde de domingo.

Piense en sus propias experiencias como cliente. Cuando hace cola detrás de un individuo que insiste en pagar la deuda externa con centavos o le ha tocado esperar a que el fabricante siembre y deje crecer los árboles de roble antes de fabricar sus muebles nuevos, es la incertidumbre de: «¿Me atenderán antes de que termine el siglo?» más que la espera en sí, lo que le hace hervir la sangre. Lo mismo podemos decir de esperar sentado en un avión mientras la hora programada de partida nos pasa de largo. La espera se hace más tolerable si el piloto anuncia la razón del retraso, en lugar de dejarlo a uno preguntándose si acaso despegarán o no.

Como profesional del servicio, tal vez no podrá contar centavos más rápido, hacer que un árbol crezca de la noche a la mañana ni hacer que un avión despegue, pero sí puede hacer que la espera sea menos traumática. Reconozca a los clientes que están esperando y manténgalos informados acerca de lo que sucede. Sea tan específico como pueda: «Estoy atendiendo a otro cliente en este momento, pero estaré libre en unos quince minutos. Si desea mirar un poco más, vendré a buscarle tan pronto termine».

> **SUGERENCIA:** Preste atención especial al tiempo de espera cuando los clientes están fuera del alcance de su vista, ya sea en el teléfono, en otra parte de la ciudad o en otro estado, en lugar de estar delante de usted. Estar fuera de vista es mucho más preocupante para los clientes.

En las situaciones cara a cara, el reconocimiento no tiene que ser verbal. Como lo dijo un propietario de restaurante: «Establezca contacto visual con los clientes. Que sus acciones digan: "Sé que está ahí. Le atenderé muy pronto"».

> Nuestro personal de atención al cliente es tan atento que... ¡Uy! ¡Disculpe! ¡Tengo una llamada!
>
> —Anuncio de un proveedor de servicio de Internet

5

El servicio fuera de serie es:

Aplomo: El factor *garantía*

El servicio constante de alta calidad se resume en dos cosas igualmente importantes: ser atento y ser competente.

—Chip R. Bell y Ron Zemke
Service Wisdom (Sabiduría para el servicio)

En muchas empresas, el deseo de mejorar la calidad del servicio ha originado horas interminables de «capacitación para sonreír», como si la clave para satisfacer todas las necesidades y expectativas de los clientes fuera nada más que un saludo cordial y un adhesivo con una carita feliz. Los profesionales del servicio al cliente de la actualidad saben que se necesita mucho más para crear satisfacción en los clientes que sonrisas y caras felices.

Si ser amable fuera toda la respuesta, el buen servicio sería la norma, pero tal no es el caso. No nos equivoquemos: La cortesía, los buenos modales y el buen trato son importantes. Si trata a sus clientes como mugre, ellos le harán la vida imposible. Pero la cortesía no sustituye a la pericia y la competencia.

Puede llamar a nuestra línea de ayuda, o visitar nuestra página Web, o si realmente está desesperado, puedo ayudarle ahora mismo.

Piense en el técnico que es sumamente agradable por teléfono, pero que por nada del mundo logra restablecer la conexión a Internet o eliminar al virus que plaga a su programa Outlook Express. O el empleado de la ferretería que alegremente le lleva al estante con los productos que busca pero que no tiene idea de cuál es la pieza que necesita para reparar la fuga en la tubería de su casa. Si bien estos dos empleados recibirían buena calificación por su actitud, su falta de conocimiento de los productos hace que la experiencia de servicio sea menos que satisfactoria.

Cuando proporciona servicio fuera de serie, sus acciones aseguran a sus clientes que están tratando con un profesional bien capacitado y hábil. Los clientes sabrán que pueden confiar en usted debido a la competencia y confianza que demuestra en su trabajo.

En la actualidad, los clientes esperan ser tranquilizados, que las personas con quienes tratan les hagan sentirse cómodos. Y eso requiere más que dominar unas cuantas «habilidades para el trato personal». Es una combinación de estilo y sustancia lo que se gana los elogios y hace que los clientes vuelvan una y otra vez.

El mal servicio ahuyenta a los clientes

Los profesionales que brindan servicio fuera de serie saben que un servicio inepto acarrea consecuencias profundas. Un estudio realizado sobre las ventas indica que los clientes han identificado a los «vendedores que saben menos de sus productos que yo» como una de las razones principales por las cuales han dejado de comprar en tiendas de departamentos y ahora acuden a sitios Web o catálogos. Otro estudio desarrollado en la industria automovilística descubrió que dos de cada tres compradores de autos se niegan a volver al mismo distribuidor para comprar su próximo auto. Las razones por las cuales hacen esto tienen poco que ver con el auto en sí y mucho que ver con las artimañas de ventas que experimentaron en la sala de exhibición y el trato grosero que recibieron al traer el vehículo familiar a ser atendido. Gracias a la vasta cantidad de datos de comparación disponibles por Internet, el número de clientes potenciales que saben más acerca de sus productos que usted es mayor que nunca. Según Chip Horner, vicepresidente de Pfizer Consumer Group, de Morris Plains, Nueva Jersey: «Los clientes han investigado más, acuden a la Web y reservan las preguntas más difíciles para hacerlas por teléfono o por correo electrónico a nuestros centros de atención. Algunas de esas preguntas son tan difíciles que tenemos que estar preparados para lo inesperado con mucho más detalle».

Por esto es que brindar un servicio fuera de serie tiene tal impacto positivo sobre su empresa, su cliente y su carrera. Los que dan buen servicio sobresalen, así que sea memorable. Combine la sustancia con el estilo, lo que hace y cómo lo hace, para asegurar a los clientes que realmente sabe y le importa lo que hace.

El factor de aplomo

El factor de aplomo tiene que ver con gestionar los sentimientos de confianza de los clientes. La decisión del cliente de confiar en usted se edifica sobre la honestidad, el conocimiento y la experiencia. Es la sustancia que respalda a su estilo y viene en cuatro paquetes:

1. *Conocimiento del producto.* Los clientes esperan que conozca las características, ventajas y beneficios de lo que su empresa fabrica, hace o entrega. El vendedor que se ve obligado a leer el manual delante del cliente para averiguar cómo usar la cámara digital o el ordenador de bolsillo no crea una impresión de competencia.

2. *Conocimiento de la empresa.* Los clientes esperan que sepa más allá de los límites de su puesto particular. Esperan que sepa cómo funciona su organización para que pueda guiarles a alguien capaz de satisfacer sus necesidades, si estas recaen fuera de su propia área de responsabilidad. ¿Puede ayudar al cliente a navegar por el laberinto que es su empresa fácilmente y con éxito?

3. *Habilidad para escuchar.* Los clientes esperan que escuche, comprenda y responda a sus necesidades específicas cuando se las expliquen. Esperan que les haga preguntas pertinentes que les ayuden a darle la información que necesite para atenderlos con eficacia. Esperan que preste atención y entienda bien para que no se vean obligados a repetirla, y esperan que les diga la verdad cuando algo no puede hacerse en el plazo que desean.

4. *Habilidad para resolver problemas.* Los clientes esperan que sea capaz de reconocer sus necesidades según se las expresen y que sea capaz de alinearlas rápidamente con los servicios que la organización ofrece. Cuando las cosas salen mal o no funcionan, esperan que sepa cómo arreglarlas y arreglarlas rápidamente.

Puntos adicionales por el buen estilo

Un examen físico anual competente realizado por un médico grosero, desgarbado o distraído probablemente no será una experiencia satisfactoria para el paciente, sin importar la excelencia técnica del doctor. Una vez que haya dominado los fundamentos de la competencia, su estilo confiado es el que le distinguirá. Empieza con la primera impresión. En su libro, *Contact: The First Four Minutes* (Contacto, los primeros cuatro minutos), Leonard y Natalie Zunin (Ballantine Books, 1994) afirman que «los primeros cuatro minutos de cualquier tipo de contacto son una especie de audición». En algunas situaciones de servicio al cliente, tal vez tendrá mucho menos tiempo que eso: muchas transacciones en la actualidad terminan en veinte a sesenta segundos.

Pero las primeras impresiones son sólo el principio. En el servicio, todo comunica su estilo a los clientes. Su manera de vestir, su manera de moverse, o si se mueves del todo, en lugar de permanecer atrincherado detrás de un escritorio o caja registradora. Su forma de hablar, el saludo en su correo electrónico, la forma en la cual establece o no establece contacto visual, escucha y responde. Su manera de actuar cuando no está atendiendo a clientes pero sigue estando a la vista de ellos. La forma en la que atiende a la persona que está delante de ellos en la fila.

Un servicio atento entregado con rapidez y confianza por personas conocedoras y corteses: ¿Qué más podrían desear los clientes?

> Siempre he querido comprender la situación por completo antes de hacer un compromiso. Finalmente comprendí que mis clientes necesitan la garantía de mi compromiso antes de darme tiempo para comprender el problema.
>
> —Representante de servicio al cliente,
> Semi Conductor Manufacturing Company

6

El servicio fuera de serie es:

Empático

Los consumidores son estadísticas. Los clientes son personas.

—Stanley Marcus
Megatrends

Los clientes vienen en todos los tamaños y formas, y traen una variedad igualmente amplia de deseos, necesidades, expectativas, actitudes y emociones a la transacción de servicio. En consecuencia, los clientes desean que se les trate como a individuos. A nadie le gusta que un representante de servicio que responde como una máquina lo trate como si fuera un número. Reconocer el estado emocional de los clientes ayuda a determinar la mejor manera de servirles de manera eficaz y profesional.

Considera cómo trataría a estos dos clientes si usted fuera el administrador de banquetes en un hotel de lujo:

- Tomás Tímido entra a la oficina de banquetes con aspecto nervioso y tenso. Está planeando una fiesta especial con motivo de la jubilación del que ha sido su jefe por diez años y evidentemente nunca ha organizado un evento como este antes.

- Dora Exigente tiene mucha experiencia como anfitriona de eventos especiales. La cena de gala anual del departamento de ventas será el cuarto evento principal que ha organizado este año. Cuando entra a la oficina de banquetes, Dora sabe exactamente lo que quiere. Su actitud de «sencillamente estése quieto y reciba mis órdenes» es claramente visible.

¿Qué clase de trato individual dará a Tomás y a Dora? Para Tomás es importante hacer que se sienta cómodo y tomarse el tiempo de hacer que se sienta «acertado» en cuanto al proceso de planificación del evento y que perciba su apoyo:

> «Tomás, puede contar conmigo en cada paso del proceso. Para empezar, dígame un poco más del evento y le mostraré nuestro proceso de planificación paso por paso».

La misma técnica probablemente frustraría, y posiblemente hasta enfadaría, a Dora. Ella podría interpretar esa explicación amistosa y profunda como un desperdicio de su tiempo valioso. Ella espera que usted reconozca la agudeza que ella ha demostrado en ocasiones previas:

> «Hola, Dora, me da gusto volver a trabajar con usted. Veo que trajo una lista de todo lo que necesitará. ¡Siempre me facilita mi trabajo! Permítame darle un vistazo para ver si tengo preguntas».

Ver y tratar a cada cliente como a un individuo ayuda a satisfacer las necesidades de cada uno en su propio nivel.

Empatía frente a simpatía

Sea cual sea el estado emocional de los clientes, cautelosos o confiados, para cada uno de ellos es importante que comprenda lo que están tratando de decirle y su percepción de los servicios que quieren que les brinde. Pero cuando las emociones se exaltan, especialmente

cuando las cosas están saliendo mal, es fácil dejarse atrapar por el mundo emotivo del cliente.

Cuando responda a las emociones del cliente, resulta útil distinguir entre la *empatía* y la *simpatía*. Ambas tienen que ver con cómo se responde a las emociones de los demás. Muchos emplean estos términos como si fueran sinónimos, pero la diferencia entre ellos es real e importante.

> **SUGERENCIA:** Cuando un proveedor de servicio se regodea en la mala fortuna de un cliente, hay dos víctimas en lugar de sólo una. El proveedor de servicio necesita distinguir claramente entre lo que sucedió y a quién le sucedió, y trabajar en lo primero para traer las cosas a la normalidad.

- La *simpatía* implica identificarse con las emociones de otra persona e incluso adoptarlas. Una respuesta con simpatía sería: «También estoy realmente enojado por esos centros de mesa».
- La *empatía* significa reconocer y afirmar el estado emocional de otra persona. Una respuesta empática es: «Puedo ver que está realmente enojado por cómo se ven esos centros de mesa».

¿Cuál es la diferencia?

Responder a los clientes con simpatía, sintiéndose tan molesto como ellos, le pone en una montaña rusa emocional y puede dejarle desgatado y agotado al final de la jornada. El truco consiste en estar atento y sensible en lo emocional sin involucrar demasiado sus emociones. Cuando usted responde con empatía, permanece calmado y en control de sí mismo. Sólo entonces está en la mejor forma para estar listo, dispuesto y capaz de ayudar a satisfacer las necesidades del cliente o resolver su problema.

Mostrar empatía por los clientes permite trabajar de modo profesional y al mismo tiempo ser atento. También hace que los clientes se sientan como individuos importantes. Una máquina no puede entregar empatía; es algo que una persona hace por otra. No hay nada que sustituya el toque humano que provee cuando entrega servicio fuera de serie. Eso es lo que hace que el servicio de alta calidad sea un trabajo tan duro. También es lo que lo hace tan gratificante.

El uso de palabras empáticas es una habilidad que viene con naturalidad a algunos y que puede ser aprendida por todos. Al igual que todas las habilidades, la práctica nos da pericia. Pruebe sus nuevas habilidades en un entorno seguro primero, en casa o con colegas, antes de usarlos con clientes.

Los pasos que aparecen a continuación pueden ayudarle a formar sus propias declaraciones empáticas para los encuentros de servicio. La clave consiste en ser genuino y sincero, y su nivel de atención resplandecerá hacia sus clientes.

Formación de declaraciones empáticas

- Inicio
  - He oído que...
  - Puedo ver que...
  - Me queda claro que...
- Reconocimiento de la otra persona
  - Usted...
  - He oído que usted...

- Descripción del sentimiento
  - Enojado, frustrado, ansioso, desilusionado, nervioso, confundido, sorprendido
- Descripción de la situación
  - Porque... (contenido del mensaje)

Estos son algunos ejemplos de declaraciones empáticas en acción:

«Puedo escuchar en su voz que se siente frustrado por el número de transferencias de llamadas que han sucedido».

«Veo la frustración que tiene porque piensa que nadie puede resolver su problema».

«Puedo ver que le ha sorprendido el cambio en nuestra norma de devoluciones desde la última vez que vino de compras a nuestro establecimiento».

Los clientes aprecian la atención personal demostrada por profesionales atentos y conocedores. Establecer una conexión a nivel emocional proporciona el tipo de servicio que los clientes probablemente recordarán y apreciarán por mucho tiempo.

A los clientes no les importa cuánto sabes, hasta que saben cuánto les importas.

—Digital Equipment Corp.
Departamento de servicio al cliente

7

El servicio fuera de serie es:

Tangible

Desde el punto de vista del cliente, si pueden verlo, caminar sobre él, sujetarlo, escucharlo, pisarlo, olerlo, llevarlo, ponerle el pie, tocarlo, usarlo, o aun probarlo, si pueden sentirlo o percibirlo, es servicio al cliente.

—Programa de capacitación de SuperAmerica

Es difícil describir el servicio en términos tangibles y físicos. Es algo poco definido, sin forma, resbaladizo. No es posible embotellar un viaje al cine ni una apendicetomía, tal como no se puede medir con vara el consejo de una corredora de valores ni las ideas de un decorador de interiores. Pasar veinte minutos con un médico o mecánico de automóviles no es necesariamente algo mejor o peor que pasar diez o treinta minutos. Es la calidad de lo que se logra y no la cantidad del tiempo que se requiere. Una de las complicaciones principales de brindar servicio es el hecho de que una gran parte de ello es intangible.

Sin embargo, en cada encuentro de servicio hay elementos tangibles antes, durante y después del momento que afectan la manera en la cual los clientes evalúan la calidad del servicio que está proveyendo. Si trabaja en un hotel y un cliente le pregunta cómo llegar a un restaurante que está fuera de esa propiedad, y le señala el camino, eso es intangible. Dibujarle un mapa es una forma de hacer que ese servicio sea tangible. Tener un mapa preimpreso con instrucciones específicas para llegar es tangible ¡y es servicio fuera de serie! La quinta y última clave para dominar los fundamentos del servicio fuera de serie es comprender el papel que desempeñan los elementos tangibles para hacer que su servicio intangible sea memorable y satisfactorio.

Piense en la experiencia de salir a comer:

- *Antes* de entrar a un restaurante, lo evalúa basándose en algunos de sus atributos tangibles: los anuncios publicitarios que ha visto o escuchado, la ubicación al conducir al lugar y la limpieza del estacionamiento en donde deja su auto. ¿Puede percibir el aroma de buena comida o los restos de comida medio consumida que están pudriéndose en el basurero? ¿El edificio y los terrenos parecen bien cuidados? ¿El anuncio está legible y bien iluminado?

- *Al entrar por la puerta delantera* hace evaluaciones adicionales. ¿El anfitrión o anfitriona parece amigable? ¿El establecimiento se ve limpio? (Y si no, ¿realmente desearía comer allí?) ¿Hay un perchero dónde colgar el abrigo o un lugar dónde dejárselo al encargado? ¿Es posible hallar los baños o el teléfono sin tener que pedir ayuda?

- *Durante la comida* evalúa otros elementos tangibles, desde las expectativas normales en cuanto al menú y los cubiertos a elementos únicos tales como un sombrero especial que una mesera entrega a un niño pequeño o los globos entregados a un grupo que celebra un cumpleaños. Evalúa la presentación de los alimentos, cómo se ven en el plato y qué tanto se parecen a la maravillosa fotografía que vio en el menú, al igual que su sabor.

- *Después* hay más formas de evidencia tangible para sopesar. Cuando llega la cuenta, ¿está limpia, es precisa y se comprende con facilidad, o da la impresión que absorbió más comida que usted? Si usó los baños, ¿estaban limpios? Si pagó la cuenta de $19.01 con un billete de a veinte, ¿el mesero le trajo noventa y nueve centavos de cambio, o un billete de a uno?

Demostrando el valor

Los elementos tangibles ayudan a transmitir el valor de los aspectos intangibles de la transacción de servicio. Son una manera importante de educar a los clientes y ayudarles a evaluar la calidad del servicio que ha provisto. Si gestiona los aspectos tangibles del encuentro, dará a los clientes algo sólido con lo cual vincular sus impresiones.

SUGERENCIA: Si está ayudando a un cliente a estimar el costo de una compra, ya sea un nuevo sistema de sonido para la casa, unas gafas o alfombra para una habitación, escriba sus cálculos con nitidez en una página con su nombre, número de teléfono y dirección de correo electrónico. Su cliente apreciará tener ese documento como referencia y fácilmente recordará quién le dio un servicio tan excelente.

Hay cuatro maneras de gestionar los elementos tangibles en su propio entorno para crear una impresión positiva en los clientes:

1. Procure cuidar de su apariencia y del aspecto de los materiales que entregue a los clientes. Entréguelos de modo personal en lugar de tirarlos sobre un mostrador o dejar que el cliente tenga que adivinar

qué tomar y cómo organizar y llevar los materiales. Si está enviando confirmaciones de pedidos, cotizaciones u otras informaciones por correo electrónico o fax, cerciórese que los mensajes sean fáciles de leer, que estén presentados de modo profesional y sin errores de gramática u ortografía. Trate los materiales con respeto y los clientes respetarán, y recordarán de modo positivo lo que ha hecho por ellos.

2. Cuando un cliente le da su nombre, número de teléfono, dirección de correo electrónico, página Web u otra información, escríbala. Esto demuestra que piensa que la información es importante. Y propóngase captarla con precisión. Léasela al cliente para asegurarse que no contenga errores. En la actualidad, los clientes se preocupan de quién tiene su información personal. Asegúrese que le vean salvaguardándola.

3. Asegúrese que las partes del sitio de trabajo que los clientes ven, y especialmente las que tocan, estén limpias, sean seguras y sean lo más cómodas posibles.

4. Ofrezca confirmación por correo electrónico a los clientes. Aunque muchos clientes se sienten cómodos y están familiarizados con las compras por Internet, la mayoría aprecia poder generar una copia impresa del recibo del producto o servicio que han pedido. Otros sólo quieren saber que usted recibió un correo electrónico que ellos enviaron y si no puede responder de inmediato a su consulta, indíqueles cuándo anticipa poder enviarles respuesta. Tener esta información al alcance de los dedos tranquiliza a los clientes en caso que hubiera que dar seguimiento a la transacción.

Cuando los clientes describen el servicio que usted brinda a sus amigos y colegas, aquellos que pudieran convertirse en sus próximos clientes, enfocarán sus observaciones en elementos tangibles. Para hacer que sus clientes vuelvan una y otra vez, esos elementos tangibles deberán dar un reflejo positivo de usted y del servicio que proporciona.

Las primeras impresiones son las que más perduran.

—Proverbio

8

El cliente siempre es...

el cliente

Nuestra norma
Regla 1: ¡El cliente siempre tiene la razón!
Regla 2: Si el cliente alguna vez no la tiene, vuelva a leer
la Regla 1.

—Tienda de productos lácteos de Stew Leonard
Norwalk, Connecticut

Estas palabras, esculpidas en una roca de 6,000 libras que reposa justo fuera de la puerta delantera de Stew Leonard's, el establecimiento más grande (y con mayores ganancias) de productos lácteos del mundo, probablemente le son familiares.

También son erróneas.

Entonces, ¿por qué los encargados de Stew Leonard's Diary proclaman tan fuertemente la «Regla 1» y «Regla 2» en la entrada de su tienda? Porque todos y cada uno de los empleados conocen, viven y respiran la verdad que reside en realidad detrás de aquel eslogan en la piedra: Los clientes no siempre tienen la razón, pero *siempre* son sus clientes.

Correcto e incorrecto

El cliente no siempre tiene la razón. Usted lo sabe. Nosotros lo sabemos. De hecho, en estudios realizados por TARP, una empresa de investigaciones sobre el servicio de primera con sede en Arlington,

Virginia, se ha demostrado científicamente este hecho. TARP ha hallado que los clientes son la causa de aproximadamente una tercera parte de los problemas de servicio y de productos que originan sus quejas. Creer ciegamente o actuar como si uno creyera que el cliente siempre tiene la razón puede ser perjudicial para usted y para sus clientes.

Advertencia: Pensar que el cliente siempre tiene la razón puede ponerle freno a la solución de problemas y a la educación de clientes. No es posible corregir un problema o malentendido del cliente si no se admite que este existe. Muchas veces, cuando los clientes causan problemas, o creen cosas que no son ciertas, se debe a que nadie les ha enseñado cómo son las cosas en realidad. Estamos tan familiarizados con los productos que vendemos y los servicios que brindamos que se nos olvida cuánto hay que saber y cuánto hay que ayudar a que nuestros clientes conozcan.

Quizá lo más peligroso es que pensar que el cliente siempre tiene la razón pone al proveedor de servicio en desventaja. Le dice: «A usted no le pagan por pensar ni por hacer preguntas. Sólo sonría y haga lo que el cliente le pida». No es sorpresa que en tales condiciones, el servicio empieza a sentirse como servidumbre: «Hola, me llamo Pedro y seré su esclavo personal esta noche» es una mala disposición.

Finalmente, el atenerse ciegamente a la idea de que los clientes siempre tienen la razón significa que cuando algo sale mal, como tarde o temprano sucederá, *usted* será el responsable. Sabemos que eso no es cierto. Si está tras el mostrador de un restaurante McDonald's y llega un cliente que pide McLangosta con McChampaña, queda muy en claro quién tiene la razón y quién no. También es irrelevante quién la tiene. Su tarea es atender el encuentro de modo tal que el cliente siga siendo un cliente. Por ejemplo, diciendo: «Se nos acaban de terminar esos dos platos, pero tenemos otras selecciones excelentes aquí en nuestro menú».

Por qué estamos aquí

El cliente es la única razón por la cual estamos aquí. Saber que el cliente siempre es el cliente (y no el problema, el enemigo ni la cruz de nuestra existencia) ayuda a enfocar nuestros esfuerzos al lugar donde pertenecen: en conservar al cliente. La meta de toda transacción de servicio es, y debe ser, satisfacer y deleitar a los clientes en maneras tales que les hagan volver por más.

Como profesional del servicio, tiene el poder de hacer que eso suceda. Para hacerlo, necesita ser y actuar de modo inteligente. Necesita saber más que el cliente acerca de los productos y servicios que vende y suministra. Necesita ser sensible al hecho de que los clientes, al igual que los profesionales del servicio, son seres humanos, con fallas y sentimientos humanos. Cuando un cliente no tiene la razón, su papel es usar sus habilidades para llevarlo al punto que la tenga, en una manera que ni lo avergüence ni lo culpe.

Tres formas de hacer que el cliente tenga la razón

1. *Asuma que es inocente.* Ser «culpable hasta que se demuestre su inocencia» no es una filosofía que cae bien a los clientes. Por el hecho de que dicen algo que suena incorrecto a sus oídos, no suponga que lo es. Tal vez están sencillamente explicando lo que necesitan o quieren de modo deficiente, o posiblemente las instrucciones que debieron haber recibido hicieron falta o son confusas. Escoja sus palabras con cuidado:

«Ya veo lo que sucedió. El disco es un CD-R, no un CD-RW. Sólo se le puede grabar información una vez, no una y otra vez. Esto es lo que puedo hacer...»

2. *Busque oportunidades para enseñar.* ¿Qué información podría haberle sido útil al cliente antes de ocurrir el malentendido? Asegúrese que la tenga ahora.

«Me alegro que me avisó de esto. La información que usted necesitaba estaba aquí en su paquete de documentos, pero puedo ver cómo resulta fácil que pase desapercibida, sepultada bajo tantos otros papeles. Examinemos el paquete para ver si podemos eliminar otras sorpresas como esta».

O:

«Lamento que no está satisfecho con su surtidor de golosinas Pez™, pero se supone que la cabeza debe inclinarse hacia atrás, así es como se surte cada golosina. Con mucho gusto le devuelvo su dinero, si eso es lo que prefiere».

SUGERENCIA: No es posible educar a los iracundos. Cuando un cliente está bajo estrés y enfadado, no recibe con agrado los intentos de educarle. «Sabe usted, se podría haber evitado todo esto si se hubiera acordado de...» Tratar de educar en el momento incorrecto es una forma segura de agravar el disgusto del cliente. Busque formas de evitar avergonzar al cliente cuando ha cometido un error o ha malentendido algo.

3. *Créale al cliente.* Algunas veces, aquel cliente que pensaba que estaba 100 por ciento equivocado resulta tener toda la razón, o al menos tener la razón en parte. Por ejemplo, el cliente podría haber estado explicando su problema o queja de modo deficiente. Si actúa sin la menor consideración para con lo que el cliente pide o con su queja, le tocará tragarse porciones grandes de su propio orgullo. El punto de brindar servicio fuera de serie es mantener intactas las relaciones con el cliente. En caso de duda, déle siempre al cliente el beneficio de la duda.

«Revisemos el anuncio para verificar que el precio que usted vio es para este modelo. Por cierto, aquí está. Gracias por señalármelo. Me aseguraré que corrijamos las etiquetas en los estantes para que todos sepan cuál es el modelo que está en oferta».

Ventaja desleal

¿Y qué de los clientes que tratan de utilizar las normas de servicio de usted en contra suya para obtener algo por nada o una mejor oferta que la que debieran recibir? Primero, es importante reconocer que los clientes verdaderamente deshonestos son cosa bastante rara. Pero sí existen. Es mucho más común hallar a clientes que honestamente están en desacuerdo con nosotros sobre lo que es cierto y lo que es justo.

¿Cómo podemos distinguir entre las acciones legítimas de los clientes y las deshonestas? Recomendamos optar por alguna variante de la norma de «Tres *strikes* y estás fuera» que emplea Stuart Skorman, presidente de Empire Video con sede en Keene, New Hampshire. La primera vez que un cliente y un empleado tienen un desacuerdo sobre si una película fue devuelta a tiempo, «debió haber sido nuestro error», dice Skorman. Lo mismo ocurre la segunda vez. Pero tres strikes y el cliente ha perdido su credibilidad. El recargo por devolución tardía permanece.

NOTA: Hacer que un cliente pase de no tener la razón a tenerla sin echar la tienda por la borda puede ser un reto increíble. De hecho, escribimos un libro completo al respecto: *Knock Your Socks Off Answers: Solving Customer Nightmares and Soothing Nightmare Customers* (AMACOM, 1995) (Respuestas de un servicio fuera de serie: Cómo resolver las pesadillas de los clientes y apaciguar a clientes de pesadilla). Es una buena obra de referencia para determinar respuestas de mucho tacto para sus clientes.

No resuelva la culpa. Resuelva el problema.

—Dicho japonés

II

Cómo brindar un servicio fuera de serie

El servicio al cliente sobresaliente es un tejido de acciones individuales que son importantes a los ojos del cliente. La mayoría son relativamente fáciles y sencillas de dominar. Tomadas en conjunto, hacen que el servicio que provee sea verdaderamente memorable.

Nuestra manera de escuchar, comprender y responder a cada cliente, nuestra manera de manejar el contacto cara a cara, nuestra manera de usar el teléfono, las palabras que ponemos en papel o en los mensajes de correo electrónico, y la forma en la cual anticipamos las necesidades del cliente contribuyen a la evaluación que el cliente da a nuestros esfuerzos.

Debidamente combinados y ejecutados con habilidad, estos elementos componen un servicio sobresaliente, del tipo que dice: «¡Voy a dejarle boquiabierto!»

9

La honestidad es la única norma

Un hombre siempre tiene dos razones por las cuales hace algo: una buena razón y la razón verdadera.

—J. P. Morgan
Financista

Cuando del servicio al cliente se trata, la honestidad no es la mejor norma, es la *única* norma. Mentir o engañar a clientes invariablemente conduce a problemas peores que mirarlos al rostro y decirles algo desagradable que necesitan escuchar ahora mismo.

Hay dos razones muy buenas por las cuales conviene enfrentar al cliente con las malas noticias.

En primer lugar, las mentiras inevitablemente terminan sorprendiéndolo a uno, y con frecuencia de las maneras más inesperadas. Tom Connellan, presidente de Connellan Group, con sede en Orlando, cuenta la historia de un empleado de despachos (digamos que se llama Raúl) de una empresa en Michigan que había descubierto una forma curiosa, y según estimaba él, infalible de quitarse a los clientes de encima. Todas las mañanas traía consigo tres periódicos al trabajo: el *New York Daily News*, el *Chicago Tribune* y el *Los Angeles Times*. Echaba un vistazo cuidadosamente a cada uno de ellos y encerraba en un círculo cualquier noticia que tuviera que ver con algún desastre de transporte: choques y descarrilamientos de trenes, nevadas fuertes en las Rocallosas, huelgas de transportistas en el sureste. Puede captar la idea.

Luego, el resto del día, cada vez que un cliente llamaba a quejarse de que un envío prometido no había llegado, Raúl ponía al cliente en espera, buscaba por los periódicos hasta hallar la noticia que estimara conveniente, regresaba a la llamada y le preguntaba: «¿Ha oído del tren que se descarriló cerca de Fort Worth anoche? ¿No? Pues sucedió, y sé que su embarque estaba en ese tren. Me gustaría ayudarle, pero no puedo hacer nada acerca de los retrasos que están fuera de mi control. Seguramente me comprende».

El truquito de Raúl dio buen resultado por todo un año hasta que un cliente, sospechoso por el hecho de que tres de sus cinco últimos envíos habían sido parte de «desastres», empezó a revisar los datos. Para acortar la historia, descubrió la artimaña de Raúl, puso a la empresa de Raúl en su lista de «proveedores no confiables» y envió una carta punzante al presidente de la empresa donde trabajaba Raúl. ¿Puede adivinar el tipo de desastre natural que le aconteció a Raúl?

La segunda razón por la cual hay que ser honesto con los clientes es que —¡sorpresa!— los clientes respetan la honestidad. No, no es divertido decirle a un cliente que hay un problema o que la fecha de entrega que tiene en mente el cliente no es realista. Pero cuando hay que ser franco, y explica con claridad lo que hará para resolver la situación, los clientes quedan con la impresión de que usted es una persona íntegra en la cual pueden confiar de que dirá la verdad, sin importar las consecuencias.

La columnista «Miss Manners», cuyo nombre es Judith Martin y también es descrita como la Suma Sacerdotisa del Protocolo en la revista *Frequent Flyer*, nos da un ejemplo de esto. Ella describió dos recientes vuelos en dos aerolíneas diferentes que tomó, ambos retrasados por factores del clima. Según su descripción dada a los lectores de *Frequent Flyer*:

En el primer vuelo, la tripulación hizo poco por informar del estado del vuelo a los pasajeros, respondiendo con desánimo cuando les pedían almohadas, cobijas, bebidas, etc. La segunda tripulación pidió disculpas por el retraso, ofrecieron consejos sobre los problemas de horario de vuelos de los pasajeros, mantuvieron a todos informados de la situación y en general buscaron hacer que las cosas fueran lo más placenteras posibles.

¿Cuál de los dos grupos de pasajeros quedó con la impresión de que la tripulación realmente estaba haciendo todo lo posible por llevarlos a su destino? ¿Y cuál aerolínea elegirá Miss Manners para volar la próxima vez que lo haga?

Hágalo por usted mismo también

En realidad hay una tercera razón por la cual siempre se debe ser honesto con los clientes: su opinión de sí mismo. Una amiga nuestra antes trabajaba para una empresa, ahora fuera de operaciones, que manejaba una cadena televisiva de ventas. Ella era la encargada principal de atender a clientes disgustados. Cuando los clientes llamaban para quejarse de que la mercancía que compraron estaba defectuosa, su trabajo era ahogar a esos clientes con frases tales como «Lo lamento» o «Le pedimos disculpas».

El problema era que la mayor parte de la mercancía que vendía la empresa eran productos catalogados como de segunda en la fábrica, artículos que todos sabían que tenían algún defecto pequeño. Nuestra amiga básicamente era una «cómplice» encargada de la responsabilidad de aquietar el temperamento de los clientes suficientemente valientes como para quejarse de lo que habían comprado. La empresa, le habían dicho directamente, contaba con el hecho de que sólo un cuatro por ciento de los clientes disgustados se quejan cuando reciben un servicio o mercancías de mala calidad.

> **SUGERENCIA:** La opinión que tiene de sí mismo en su trabajo es tan importante para su autoestima como la opinión que tiene de sí mismo como padre de familia, cónyuge o amigo. Ningún trabajo es lo bastante importante como para mentir por él, ningún salario es suficientemente alto para compensar un mal sentimiento producido por el trato que le da a otro ser humano. Tal vez la mejor razón por la cual hay que ser honesto con los clientes es que le permite ser honesto con usted mismo.

¿Le devolvió su dinero a los que se quejaban? Por supuesto. La empresa estaba dispuesta a comprar la tranquilidad de aquellos que se atrevieran a desafiar su sistema de quejas y devoluciones. ¿Hizo ella que los clientes insatisfechos se sintieran mejor? Definitivamente. Al menos alguien estaba allí para escucharles.

Pero ella renunció al trabajo luego de seis meses. ¿Por qué? «Porque», dice ella, «no podía formar parte de una operación que intencionalmente explotaba a sus clientes».

> El que es descuidado con la verdad en las cosas pequeñas no es digno de que se le confíen las cosas importantes.
>
> —Albert Einstein

10

Todas las reglas están destinadas a quebrantarse

(incluso esta)

Las reglas existen para servir, no para esclavizar.
—Axioma de los programadores de software

Las reglas están por todas partes. Hallamos reglas formales en las leyes y normas: «No gire a la derecha cuando hay luz roja» o «Todas las devoluciones deberán venir acompañadas de sus recibos». Otras reglas son informales, enseñadas por costumbre o experiencia: «Cuando accidentalmente se choca con otra persona, diga "Disculpe"» o «Dedique tiempo adicional para llegar a su destino durante las horas pico».

Las reglas deben compartir un solo propósito: hacer que la vida funcione de modo más eficiente, organizado y ordenado. A veces describimos este propósito como el espíritu de la ley. Pero las reglas no siempre cumplen con su espíritu. De hecho, algunas veces van en contra de lo que estamos tratando de lograr. Por esto es importante que los profesionales del servicio fuera de serie comprendan que las reglas gobiernan sus esfuerzos.

Reglas frente a suposiciones

Estamos tan acostumbrados a las reglas en nuestras vidas que a veces, cuando no sabemos una respuesta o no nos sentimos cómodos con tomar una decisión por nosotros mismos, nos sentimos tentados a inventar una regla para llenar ese espacio. O, por la presión del momento, tomamos prestada una regla de otro grupo de circunstancias que parece aplicarse a nuestra situación actual.

Por ejemplo, imagine que usted es un cajero nuevo. Un cliente llega y pregunta si puede hacer un cheque por veinte dólares más que el precio de su compra. Usted desconoce la norma de la tienda al respecto y no tiene a nadie cerca para preguntarle. ¿Qué hace?

- Podría suponer que cobrar cheques por más de la cantidad debida es contrario a las reglas del almacén y decir que no.
- O podría tomar prestada una regla del trabajo anterior que tenía y permitirle al cliente que escriba su cheque por cinco o diez dólares más del importe.

Estas dos alternativas son tentadoras porque le ponen en control de la situación y evitan que tenga que decir: «Cáspita, no sé si puedo hacer eso». ¡Pero es cosa natural desconocer todas las reglas! De hecho, no conocerlas y averiguarlas, para beneficio propio y del cliente, es una de las mejores maneras de aprender mientras trabaja. En lugar de suponer que debe existir una regla que le obligue a decir que no, busque la manera de decir que sí.

Una amiga nuestra recuerda un viaje de negocios que hizo a Kansas City. Ella había tenido jornadas particularmente largas de trabajo. Una noche, en su habitación de hotel, hambrienta por no haber almorzado, examinó el menú de servicio a las habitaciones. Nada le llamó la atención. Ella llamó al servicio a las habitaciones y pidió si podían servirle una pechuga de pollo a la parrilla con una ensalada pequeña. «No veo eso en el menú», le respondió la persona que le atendió. «No está en el menú», replicó ella, «pero es lo que realmente me gustaría. ¿Podrían prepararlo?» Silencio. Y luego otra vez le dijeron: «Bueno, no está en el menú». Para acortar la historia, ella no recibió su cena en la habitación esa noche, aunque en muchos hoteles después de ese, el personal de servicio gustosamente ha hecho arreglos para satisfacer solicitudes similares. ¿A que no adivina cuál hotel de Kansas City dice ella que es mejor evitar?

Reglas rojas frente a reglas azules

Las reglas son importantes cuando protegen la seguridad del público o reflejan las experiencias que enseñan que se sufrirán consecuencias funestas si llega a suceder lo que no debe. Pero otras reglas sencillamente son hábitos y costumbres con las arterias endurecidas, sistemas que se tornan inflexibles con el tiempo y que adoptan una rigidez para la cual nunca estuvieron diseñadas.

En los servicios médicos, algunas organizaciones que conocemos explican a sus empleados que hay dos clases de reglas: las reglas rojas y las reglas azules. Las *Reglas rojas* son las que nunca pueden violarse. Se han establecido para proteger la vida o el bienestar del paciente, por ejemplo, no fumar en el edificio. Las *Reglas azules* están diseñadas para que la experiencia en el hospital sea sin complicaciones tanto

para los pacientes como para el personal, por ejemplo, los pacientes que llegan se procesan en el departamento de admisiones.

Los empleados del lugar tienen que saber cuándo una de las reglas azules, tal como «llene los formularios de admisión primero», puede o debe violarse. Por ejemplo, en la sala de urgencias hay ciertas situaciones, tales como cuando llega una mujer encinta que ha iniciado la labor de parto, en las que los papeles pueden esperar.

¿Conoce las reglas rojas y azules de su empresa? Las reglas rojas pueden ser las fijadas por el gobierno por medio de leyes o reglamentos, o por la administración de la empresa. Las reglas azules pueden haber evolucionado de normas departamentales o experiencias pasadas. Hay que comprender de dónde provienen las reglas y por qué existen, y ser capaces de explicarlas a los clientes para que ellos a su vez sepan por qué hace lo que hace.

SUGERENCIA: Al discutir las reglas rojas y las azules en su propia organización, es probable que habrá desacuerdo sobre cuáles son cuáles. Eso está bien. Un resultado clave de la discusión sobre las reglas rojas y las azules es aprender por qué las reglas son las reglas en primer lugar. Por ejemplo, algunos empleados de una empresa aseguradora grande se molestaron al enterarse que el uso de programas personales, tales como los salvapantallas y juegos, en las computadoras de la empresa era una violación de una regla roja; en realidad, una ofensa merecedora del despido. Después de un diálogo muy público por correo electrónico sobre el porqué de la existencia de tal regla, la mayoría de los empleados llegó a estar de acuerdo que en realidad existía el peligro de introducir un virus de computadoras al sistema. Ahora el color de esa regla en particular tiene sentido para todos en la empresa.

Quebrantar frente a torcer las reglas

Conozca sus propios límites. Si cree que se debe hacer una excepción, pero no está seguro que puede o que debe hacerla, consulte a un colega con más experiencia, a su supervisor o a su administrador.

Sin tener reglas formales e informales, el servicio sería caótico, y los clientes nunca sabrían qué esperar. El hecho de pensar que si se quebranta o se tuerce una regla el cielo no se derrumbará no significa que esta debe tomarse a la ligera. Conozca el origen de la regla en cuestión, el motivo de la regla, las consecuencias de no obedecerla y luego ayude a su cliente a hacer que funcione el sistema.

La excepción comprueba la regla.

—Proverbio del siglo diecisiete

11

Cómo desarrollar confianza en un mundo de inseguridades y sospechas

Da confianza, y recibirás el doble como recompensa.

—Kees Kamies

La confianza es la norma estándar del servicio al cliente. Es el pegamento que hace que los clientes regresen. La fe que tengan los clientes en su palabra y en sus promesas es lo que le salva en aquellas épocas difíciles en las cuales todo parece estar saliendo mal. Si ha hecho promesas en el pasado y las cosas han salido bien, el cliente confiará en usted cuando las cosas vayan de bien a mal y de este a peor.

La confianza de los clientes crece lentamente, se desarrolla con el paso del tiempo y resulta de una sucesión de experiencias positivas. La confianza puede desmoronarse por un solo incidente de infidelidad y puede cimentarse con un solo acto memorable.

El trato justo es uno de los factores más críticos para desarrollar confianza en los clientes. Tráteme de modo injusto, desde mi punto de vista, y me pierde como cliente para siempre. Escuche mis inquietudes de modo justo y completo, y se ganará mi lealtad continua. ¿Qué es lo justo desde el punto de vista del cliente? Eso puede variar y frecuentemente varía de un cliente a otro. Pero en general los clientes sienten que se les ha dado trato justo cuando:

- Sienten que se les escucha y respeta, aun si no obtienen el resultado preciso que buscaban.
- Resulta sencillo el proceso de obtener lo que desean, de lograr un resultado satisfactorio.
- Usted cumple las promesas que hace con relación a su rendimiento: si dijo que llamaría para el final del día, lo hace.
- Les trata con ética; no hay artimañas, no hay comportamiento sospechoso.
- Reconoce sus deseos individuales, si los hubo.
- Sus mejores intereses fueron puestos por encima de la conveniencia para la empresa.

Ejemplo

Son las 3 p.m. del viernes. La Sra. Impetuosa llama a su agencia de viajes. Ella necesita estar en San Francisco para mañana al mediodía. Le advierte que esto puede salirle caro, pero hace su mejor esfuerzo. Una hora después tiene en las manos un boleto no retornable, de clase económica con tarifa de excursión con salida a las 6 a.m. La llama para darle las noticias.

¿Cómo se edifica la confianza?

La confianza se edifica lentamente, con el paso del tiempo y por medio de experiencias positivas. Pero hay ciertas cosas que puede hacer para acelerar un tanto la edificación de la confianza.

- *Practique comunicaciones frecuentes.* «Señora, me ha dado poco tiempo, no sé si podré lograrlo, pero haré mi mejor esfuerzo».
- *Permanezca en la verdad.* «Dado que hay pocos vuelos disponibles los sábados, tal vez no pueda hallar uno. Haré todo lo que pueda. Las probabilidades de éxito son bastante buenas».
- *Desarrolle transparencia.* «¡Le tengo buenas noticias! Tuve que pedir un favorcito y tuve que reservar el boleto de inmediato, pero si puede tomar el vuelo de las 6 a.m., entonces el asunto está resuelto».

- *Muestre afecto.* «Espero que tenga un buen viaje. No dudo que su hija estará muy feliz y sorprendida de ver que logró llegar».

Puede haber una línea tenue entre decir una mentirilla a un cliente y darle seguridad. Decirle al cliente que «todo va a salir bien» cuando el resultado podría ser otro es una forma no aceptable de tratar con una situación. Ser franco sin exagerar los riesgos ni resaltar desmedidamente lo que podría salir mal siempre es una mejor alternativa.

- *Muestre confianza.* Si parece vacilar en hacer lo que el cliente desea o no se siente seguro de sí mismo, erosiona la confianza, aun si se tiene éxito. Decir sencillamente: «No sé si podremos hacer ese cambio cuando estamos tan cerca de la salida de su vuelo, pero permítame ver. ¿Puedo devolverle la llamada, o prefiere que le ponga en espera?», tiene un efecto perdurable que demuestra su confianza.
- *Por encima de todo, cumpla sus promesas.* Nada destruye la confianza del cliente como no hacer lo que ha dicho que hará. El técnico que no aparece a la hora de la cita, o el empleado del banco que no llama a la hora prometida para hablar del error en su estado de cuentas frecuentemente no tendrá otra oportunidad para ganarse la confianza del cliente. Si no le es posible cumplir una promesa, asegúrese de comunicarse con sus clientes para avisarles.

Confianza y recuperación

El centro del lado psicológico de la *recuperación del servicio*, resolver problemas del cliente, consiste en restaurar la confianza; la fe del cliente en que usted puede cumplir y cumplirá las promesas tanto explícitas como implícitas que hace. La doctora Kathleen Seiders, profesora asociada de mercadeo del Boston College, dice que la confianza está particularmente en peligro cuando los clientes se sienten *vulnerables*, es decir, cuando perciben que toda la capacidad de arreglar las cosas está en sus manos y muy poco o nada está bajo el control de ellos. Esa sensación de vulnerabilidad y la reacción del cliente a un error de servicio son más fuertes cuando dicho cliente siente que le hace falta lo siguiente:

> *Información.* No saben qué está sucediendo, ni cuánto tiempo tomará resolver las cosas.
>
> *Experiencia.* El cliente no pudo reparar el automóvil o la computadora, o se equivocó al hacer la reservación. Todas las «ventajas» están de su lado de la mesa.
>
> *Libertad.* No existe alternativa para resolver el problema aparte de tratar con usted. El cliente percibe que usted es la única esperanza.
>
> *Recurso.* El cliente percibe que cuando se trata de esta computadora, automóvil o problema, o es usted o no es nadie. Tienen libertad, según el contrato, de buscar al que puedan hallar para «reparar» el problema, pero en la práctica no hay nadie más, o al menos ellos lo ven así.

La confianza se restaura por medio de involucrar al cliente en la solución del problema. «Dígame otra vez qué estaba sucediendo precisamente cuando su máquina de cortar el césped se paró», o «Explíqueme la historia detrás de este problema», asegurándole al cliente que el problema puede resolverse y se resolverá.

> Cuando el cliente se siente vulnerable, la confianza es indispensable.
>
> —Leonard L. Berry
> Experto en servicio

12

Haga lo correcto... sin importar nada más

Utilice su buen criterio en todas las situaciones.
No habrá más reglas.

—Nordstrom, Inc.
Manual del empleado

Hacer lo correcto y hacer las cosas correctamente son asuntos diferentes pero importantes por igual para entregar un servicio fuera de serie.

Hacer las cosas correctamente tiene que ver con el proceso de llevar a cabo el trabajo: desempeñar las tareas correctamente, hacer uso de la pericia técnica y tratar bien a la gente, informarse de los productos y servicios que ofrece la empresa y ser capaz de responder a preguntas sobre cómo funcionan las cosas y por qué.

Hacer lo correcto tiene que ver con decidir lo mejor que puede hacerse en una situación dada. Requiere determinar cómo usar los productos y servicios de la empresa para beneficio del cliente, a veces en maneras que ellos no han pedido o que ni siquiera se les ha ocurrido. Se trata sobre decidir si se concederá o no algo que el cliente ha pedido.

El Manual del empleado de las tiendas de departamentos Nordstrom es casi legendario. Su única y elegantemente sencilla regla es: «Use su buen criterio en todas las situaciones». La falta de reglas adicionales no significa que hay falta de dirección. Se estimula a los empleados de Nordstrom, famosos profesionales del servicio fuera de serie, a aprovechar y buscar el apoyo de sus gerentes cuando no saben qué hacer. En las palabras de Nordstrom:

«Por favor, siéntase libre de dirigir cualquier pregunta al gerente de su departamento, al gerente de la tienda o al gerente general de la división en cualquier momento».

Por supuesto que una norma semejante funciona únicamente si los gerentes tratan las preguntas como oportunidades para enseñar, en lugar de molestias, y en Nordstrom se hallan líderes que están dedicados a guiar a sus empleados. En sus programas de orientación y capacitación, el personal de Nordstrom aprende lo que significa hacer lo correcto para los clientes que atienden. Algunas veces significa aceptar una devolución sin hacer preguntas, o llevar a un cliente a otro departamento, y aun hasta la tienda de un competidor, para hallar el accesorio correcto para la prenda de vestir. ¿El resultado? De costa a costa, las personas cuentan historias sobre el servicio al estilo de Nordstrom. Aun los que nunca han visitado una tienda Nordstrom han oído historias al respecto gracias a libros como *Fabled Service* (Servicio Fabuloso) por Betsy Sanders (Jossey-Bass, 1997), escrito sobre Nordstrom. Y apenas cuando empiezan a menear la cabeza y a decir cosas tales como: «Seguro, ¿pero hasta cuándo podrán seguir haciendo negocio si hacen cosas así?», alguien añade un golpe contundente: Nordstrom regularmente anuncia algunas de las ventas más altas por metro cuadrado en la industria de las ventas al por menor. No sólo nadie hace las cosas mejor, ¡sino que nadie gana más dinero al hacer lo correcto tampoco!

¿Alguna vez es incorrecto hacer lo correcto?

Muchos empleados de servicio que laboran en las primeras líneas y bastantes administradores sienten un temor instintivo a seguir normas sencillas tales como: «haga lo correcto». Este temor es natural; por generaciones se nos ha advertido de las graves consecuencias de «regalar el negocio». Pero este temor puede vencerse fácilmente cuando el sentido común y la competencia que vienen con la experiencia se sacan a colación sobre el tema.

SUGERENCIA: Dedique tiempo, quizás una hora cada dos semanas, a reunirse con sus compañeros de trabajo para aprender de las experiencias de cada uno. Comparta historias acerca de los éxitos y fracasos con problemas difíciles de los clientes. Las probabilidades son buenas de que si está teniendo algún problema con algo, otros también lo estarán experimentando.

¿Va a regalar el negocio? Por supuesto que no, tal como la gente de Nordstrom tampoco lo hace. Carece de sentido que su empresa contrate a alguien hábil como usted, lo capacite, le respalde con sistemas a favor de clientes y una gerencia que apoya, y luego le niegue la oportunidad (o le pida que rechace la oportunidad) de tomar buenas decisiones a favor del cliente. El sistema no está fuera de control, está siendo controlado por *su* buen criterio innato. Por eso su empresa ya le ha confiado su bien más valioso: los clientes, el futuro mismo del negocio.

Su buen criterio se aplica a toda industria. Si conoce bien su trabajo, pero no está seguro de qué hacer o no hacer en una situación particular, utilice las preguntas siguientes como guía:

1. *¿La acción viola una regla roja o tiene que ver con torcer una regla azul?* (Consulte el capítulo 10 para repasar sobre las reglas rojas y azules.) Si el asunto involucra a una regla roja, por lo general puede detenerse inmediatamente y no dar un paso más. Cuando al personal de aseo del St. Luke's Hospital de Milwaukee un paciente les pide agua, ellos saben que primero tienen que consultar a la enfermera encargada. Si el paciente tiene restricción para ingerir líquidos, el simple hecho de proveerle un vaso de agua viola una regla roja.

2. *Si involucra una regla azul, ¿torcerla o violarla permitirá servir mejor al cliente?* El hecho de que *se puede* torcer una regla no es en sí un argumento convincente para que *debamos* torcer o abandonar una regla azul. La limpieza del interior de las ventanas de la histórica Torre Foshay de Minneapolis, Minnesota, siempre se hace durante la semana laboral, en horas regulares de trabajo; una regla azul de hecho. Si bien la administradora del edificio con gusto programa este servicio

durante los fines de semana para los inquilinos que así lo requieran, ella primero explica: «Nuestras ventanas son de 1929. Preferimos limpiarlas durante la semana, de manera que si descubrimos que se necesita alguna reparación, esta puede hacerse de inmediato. No quiero que ninguno de los inquilinos tenga que soportar una ventana temporalmente reparada con cinta adhesiva o cubierta con una tabla».

3. *¿Quién debe tomar la decisión final?* Busque a esa persona y tome la acción que corresponda. En muchos casos, esa persona será usted mismo. Algunas veces, especialmente si torcer una regla azul conlleva un riesgo o costos adicionales, será necesario consultar a un administrador o supervisor. Con sus respuestas a las preguntas 1 y 2, podrá ofrecer al administrador una perspectiva considerada y un plan de acción.

> Si ellos (los empleados) toman una decisión incorrecta, eso es algo que puede corregirse después. Por lo menos, actuaron de buena fe. Esto forma parte de nuestro compromiso (hacia nuestros clientes).
>
> —Isadore Sharp
> Presidente de la junta ejecutiva, Four Seasons Hotels

13

Escuchar es una habilidad: Utilícela

Escuchar tiene que ver más con la confianza, el respeto, la participación y compartir información que con los oídos.

—Beverly Briggs
Editora, *Customer Connection Newsletter*

La mayoría de nosotros escucha apenas un veinticinco por ciento de lo que oímos. ¿Qué sucede con el setenta y cinco por ciento restante? Lo pasamos por alto. Entra por un oído y sale por el otro, como si nunca lo hubiéramos oído. Escuchar es tan importante, que es sorprendente lo poco que lo practicamos bien. Pero debido a que el buen servicio requiere escuchar, comprender y responder a los clientes, escuchar bien es una habilidad importante para los practicantes del servicio fuera de serie. Cuando escuchamos bien:

- Determinamos lo que el cliente desea y necesita.
- Evitamos los malos entendidos y los errores.
- Obtenemos pistas sobre maneras en las cuales podemos mejorar el servicio que proporcionamos.
- Edificamos relaciones a largo plazo con nuestros clientes.

Es importante escuchar de modo activo, casi agresivo. Para atender bien a los clientes, necesitamos saber de la forma más precisa posible lo que quieren, cómo lo quieren, cuándo lo quieren, cuánto esperan pagar por ello, cuánto anticipan tener que esperar y qué otras cosas esperan recibir con ello. No existe necesidad alguna de adivinar y correr el riesgo de equivocarse. Los clientes están listos y dispuestos, y son capaces de decirnos todo (o casi todo) lo que necesitamos saber.

Los buenos oyentes no nacen, se hacen

Las personas que parecen escuchar bien por naturaleza no nacieron así. Sencillamente empezaron a practicarlo desde muy temprano. Nunca es tarde para empezar a mejorar, porque escuchar bien es una habilidad que mejora según la practicamos. Es más, el oyente tiene una ventaja poderosa en toda conversación. Aunque la mayoría de los individuos habla a razón de unas 125 a 150 palabras por minuto, ¡podemos escuchar hasta 450 palabras por minuto! Eso significa que mientras escuchamos, tenemos tiempo de identificar los puntos principales que la otra persona está tratando de comunicar y empezar a organizar esos puntos para ofrecer una respuesta eficaz.

> **SUGERENCIA:** Permita que sus clientes sepan que está escuchándoles anotando información e ideas sobre cómo responder, pero no pierda su enfoque al tratar de preparar una respuesta o argumento. Cuando tenga la oportunidad de hablar, podrá «reflejar» los puntos principales del cliente. Al reafirmar aun las cosas más fáciles y evidentes, confirma que ha escuchado y comprendido a su cliente y que está listo para responder a su solicitud, pregunta o problema.

Asegúrese de escuchar lo que la otra persona está tratando de comunicar:

1. Si la información es compleja, repítala para confirmar que la ha comprendido: «Muy bien, permítame ver si entiendo bien. Ha planteado unos puntos importantes y quiero estar seguro de que los he comprendido. Usted dijo que...»

2. Si algo no le queda claro, pregunte: «Hemos hablado acerca de varias alternativas. ¿Se decidió por el modelo grande y polifacético con la perilla con traba inversa, o por el modelo miniatura superfacético con la manija fluorescente?»

3. Lea la información de importancia crítica en voz alta después de haberla escrito. Por ejemplo, cómo se deletrea el nombre de la empresa, o el número de la dirección, número de teléfono, sitio Web o dirección de correo electrónico. Esto le asegura a usted que la tiene correctamente escrita y le asegura al cliente que le escuchó.

Barreras contra escuchar con eficacia

Existe una amplia variedad de distracciones que pueden obstaculizar la labor de escuchar bien.

• *Ruidos.* Una cantidad excesiva de ruidos en el entorno laboral causa interferencias. ¿Puede escuchar con claridad a los clientes cuando hablan con un tono de voz normal? ¿O su voz se pierde entre la música demasiado fuerte, el ajetreo normal del sitio de trabajo o las voces de los compañeros de trabajo y otros clientes?

• *Interrupciones.* La comunicación sucede cuando dos personas trabajan en equipo para lograrla. ¿Alguna vez ha tratado de explicarle algo a alguien que constantemente le dice: «Un momento, tengo que atender esta llamada», o que está mirando más allá de sus hombros

para gritarle un consejo o información a un colega? Tales interrupciones controlables le dicen al cliente: «Usted no es importante» o «Realmente no quiero escucharle».

• *Soñar despierto.* Las interrupciones vienen tanto de dentro como de fuera. Cuando se percata que sus pensamientos divagan hacia la película que quiere ver esta noche o la pelea que tuvo con su novio o novia esta mañana, esa interrupción interna puede ser tan destructora para la labor de escuchar bien como lo es la sala de negocios de la bolsa de valores en Wall Street. Manténgase enfocado en el cliente.

• *Tecnología.* La tecnología puede estorbar la labor de escuchar eficazmente así como nos ayuda a mantener el contacto. Con todo el buen servicio que se posibilita gracias a teléfonos, terminales accionados por voz y micrófonos remotos en las ventanillas donde atienden al cliente en su auto, es mucho más difícil escuchar a una persona cuyo rostro no podemos ver o cuya voz es distorsionada por una máquina. Ese monitor en su escritorio también puede estorbarle. En lugar de tratar de escuchar al cliente y buscar el archivo de su cuenta, puede sencillamente decirle: «Muy bien, Sra. Pérez, permítame buscar su cuenta en mi pantalla... Aquí la tengo. Ahora, dígame lo que necesita para poder captar todos los detalles».

• *Estereotipos.* Cuando clasificamos a las personas con algún nombre, cuando suponemos cosas sobre su apariencia, su comportamiento y lo que van a decir, perjudicamos el proceso de comprender lo que realmente están diciendo. Con esa partida en falso, encajamos lo que vemos, experimentamos y escuchamos posteriormente en un prejuicio defectuoso. Y con mucha frecuencia estamos sumamente equivocados.

• *Palabras y frases explosivas.* Todos tenemos ciertas palabras o frases que nos molestan y que el cliente podría usar inadvertidamente. Y una vez dichas, ya no escuchamos más. Recuerde que su preocupación principal es escuchar lo que el cliente intenta decir, no las palabras individuales que utilice. Eso que tanto le molesta puede ser algo totalmente inocente desde la perspectiva del cliente. (Y aun si el cliente está reclamando algo sobre el servicio en el pasado, dejar que las frases o palabras pasen de largo demuestra su buena gracia y estilo.)

• *Actitud.* Sus actitudes afectan lo que escucha y cómo responde. Las personas que siempre están a la defensiva lo evalúan todo, buscando mensajes ocultos. Las personas que están a la ofensiva frecuentemente están buscando un pleito, y alegan argumentos tipo «déjeme decirle cómo son las cosas» aun antes de que su interlocutor haya terminado de hablar. Sus actitudes deben ayudarle a escuchar y no a que preste oídos sordos a las palabras del cliente.

También es importante escuchar las cosas que no se oyen, las cosas que el cliente no le dice. Si los clientes antes le felicitaban por la entrega pronta, pero no lo han hecho recientemente, quizás el rendimiento ha desmejorado. Si suspiran y dicen: «Ah, está bien, supongo», cuando les pregunta qué les parece sus servicios, usted debe prestar atención a un mensaje que le están dando fuerte y claro: el de un cliente leal que pudiera estar lentamente yéndose a la competencia. Acepte esas respuestas tibias como una señal para darle seguimiento con la pregunta: «¿Está seguro de que no hay alguna forma en la que podamos servirle mejor?» Las estadísticas demuestran que en lugar de quejarse abiertamente acerca de un problema, muchos clientes sencillamente dejan de hacer negocio con uno y empiezan a gastar su dinero en alguna otra parte.

> Las personas no compran porque les hacemos comprender.
> Compran porque se sienten comprendidos.
>
> —Máxima de ventas

14

Haga preguntas inteligentes

Es mejor saber algunas de las preguntas que todas las respuestas.

—James Thurber

Los clientes frecuentemente son menos que elocuentes, o siquiera tienen en claro en sus mentes, sobre lo que desean y necesitan. El cliente que responde: «No estoy seguro» a la pregunta: «¿En qué puedo servirle?», al menos está siendo franco y representa los sentimientos de muchos clientes. Y es nuestra tarea ayudarles a resolver la confusión.

Para tener éxito con los clientes inseguros, poco claros o confundidos, tiene que actuar como detective. Y al igual que Sherlock Holmes, Columbo o los investigadores de *CSI*, tiene que buscar pistas. Armado con un arsenal de buenas preguntas, tendrá el éxito seguro.

Hay tres tipos de preguntas que le ayudarán en la búsqueda de pistas para determinar lo que ese cliente inseguro necesita de usted.

Preguntas de fondo

Las preguntas de fondo son la introducción a la conversación. Nos dicen con quién estamos hablando y permiten buscar el perfil o la cuenta de un cliente. También ayudan a evaluar si somos la persona adecuada para ayudar a este cliente, o si debiéramos dirigirle a otra persona o departamento.

- «¿Tiene cuenta con nosotros?»
- «¿Podría darme el número de cliente que aparece justo encima de la etiqueta que está en la parte de atrás del catálogo?»
- «Tengo algunas preguntas sobre su historial médico. Primero: ¿Alguna vez ha padecido de...?»

Algunas veces, los clientes se resisten a responder a las preguntas de fondo. «¿Por qué necesita saber eso?», preguntan. O podrían protestar: «Le di esa información la última vez que estuve aquí. ¿Acaso no llevan archivos ustedes?» Podemos reducir dicha resistencia explicando de antemano por qué necesitamos la información. Llamamos a esta táctica: *exploración*. He aquí algunos ejemplos de ello:

- «Comprendo su preocupación, Sra. González. Si usted me ayuda respondiendo unas cuantas preguntas, le pondré en contacto con el mejor agente para resolver su situación».
- «Necesito hacerle algunas preguntas acerca de su historial médico. Hacemos esto en todas las visitas para asegurarnos que nuestros archivos sean precisos y estén actualizados.

La *exploración* asegura al cliente que nos interesamos por él o ella y que las preguntas de fondo tienen propósito.

Preguntas de sondeo

Las preguntas de sondeo ayudan a penetrar más profundamente en la necesidad, problema o queja del cliente para identificar los asuntos que involucra y empezar a avanzar hacia una solución. Hay dos tipos básicos de preguntas: cerradas y abiertas. Las preguntas cerradas generalmente se responden con un sí o no, o con un dato específico. La pregunta de fondo: «¿Cuál es su número de cuenta?» es un buen ejemplo. Las preguntas abiertas generalmente requieren de explicaciones más prolongadas e invitan al cliente a iniciar una conversación. Es más frecuente que las preguntas de sondeo sean abiertas.

- «Por favor, dígame más sobre su evento, quiénes asistirán, qué es lo que ellos esperan y qué cosas podrían mejorarse en comparación con el evento del año anterior».
- «¿Qué características busca en su motocicleta nueva?»
- «¿Qué sucedió después de que enchufó el reproductor de DVD?»

Recuerde que las preguntas de sondeo son una manera en la cual se puede obtener información. Si la respuesta que el cliente da, suena imposible o no veraz, no le discuta. En lugar de ello, haga otra pregunta de sondeo.

Una buena fuente de preguntas de sondeo son las cinco palabras básicas interrogativas: quién, qué, cuándo, dónde y por qué. Han servido bien a los periodistas por décadas:

- «¿*Quién* ha sido afectado por esto?»
- «¿*Qué* le gustaría ver que sucediera a continuación?»
- «¿*Cuándo* necesita que le instalen la pieza nueva?»
- «¿*Dónde* se rompió la pieza original?»
- «Me gustaría saber *por qué* sucedió esto, para tratar de evitar que vuelva a suceder. ¿Puede compartir sus ideas conmigo?»

Las preguntas precisas que haga, por supuesto, variarán según la situación. Y en caso de duda, casi siempre puede usar la eficaz pregunta: «Por favor, ¿podría decirme más al respecto?»

NOTA: Tenga cuidado cuando pregunte «por qué». Eso puede sonar como que está acusando al cliente de algo o culpándole del problema que están experimentando.

Preguntas de confirmación

Las preguntas de confirmación ofrecen un sistema de comprobaciones. Ayudan a confirmar que hemos comprendido el mensaje del cliente correctamente y dan al cliente la oportunidad de añadir información o aclarar alguna cosa.

- «Ese es el régimen de tratamiento que el doctor Reyes recetó. Los ejercicios físicos son la parte más importante y pueden resultarle difíciles. ¿Le gustaría repasarlos otra vez?»
- «Así que si pudiéramos entregarle un pedido parcial, o una cantidad suficiente de producto que le alcance hasta el lunes, ¿eso le resolvería el problema inmediato?»

Es fácil aceptar el silencio como confirmación de que el cliente concuerda. Sin embargo, algunas veces el silencio indica que el cliente se ha dado por vencido, que está frustrado o enojado, o que se siente demasiado avergonzado para reconocer su confusión. De modo que si cuando damos una confirmación, suena a declaración, en lugar de pregunta, es buena idea pedir una respuesta:

- «Permítame asegurarme que he captado los detalles bien. Usted en realidad no se muda sino hasta el día quince, pero estará haciendo trabajos en su nueva casa antes de esa fecha. Por lo tanto, necesita tener el teléfono nuevo funcionando para el día once y no quiere que le desconectemos su teléfono anterior hasta el día dieciséis. ¿Correcto?»

SUGERENCIA: Si alguna vez alguien le ha mirado fijamente a los ojos y le ha preguntado «¿Entiende?», con una voz lenta y deliberada, usted sabe lo degradante que pueden sentirse algunas preguntas. Esté atento a sus palabras y tono de voz, a fin de que su confirmación no comunique el mensaje: «Sólo un idiota no entendería esto. ¿Es usted un idiota?»

Cuando las preguntas salen mal

Una pregunta correcta dicha en el momento incorrecto o con palabras mal escogidas puede deshacer toda la magia del buen servicio al cliente que tan duro hemos trabajado por crear. Cuando las preguntas salen mal, típicamente se debe a que una de cuatro cosas ha sucedido:

1. *La pregunta se ha hecho en el momento incorrecto, posiblemente fuera de secuencia.* Existe una lógica tras el orden en el cual se deben hacer las preguntas. Por ejemplo, generalmente resulta fácil preguntarle el nombre al cliente en la etapa temprana de la conversación, y con frecuencia resulta sumamente incómodo hacerlo después de haber terminado una conversación de treinta minutos.

2. *El cliente piensa que está preguntando sobre algo que cree que usted ya debería saber.* Utilice la técnica de exploración para explicarle por qué necesita saber lo que pregunta.

- «Sé que Héctor tiene su número, ¿pero podría repetírmelo para tenerlo como referencia, por favor?»

3. *El cliente siente que le está haciendo demasiadas preguntas.* Haga que sus preguntas sean pertinentes para usted y para su cliente.

4. *Las preguntas parecen ser excesivamente personales.* Lo que algunos estiman como algo personal y lo que otros estiman como sim-

ple conversación varía de una persona a otra. Si quiere preguntar algo sólo por curiosidad, es mejor no hacerlo. Si pregunta porque necesita la información, utilice la técnica de la exploración para explicar sus razones antes de preguntar.

- «Para poder confeccionar el mejor plan financiero para usted, necesito hacerle algunas preguntas importantes acerca de sus finanzas personales. Por supuesto que toda la información que usemos hoy será estrictamente confidencial. ¿Tiene alguna pregunta antes de que empecemos?»

Sólo cuando empezamos a hacer las preguntas correctas, empezamos a hallar las respuestas correctas.

—Dorothy Leeds
Smart Questions: A New Strategy for Successful Managers (Preguntas inteligentes: Una nueva estrategia para los administradores de éxito)

15

Palabras ganadoras y frases tranquilizadoras

La cortesía llega lejos, y no cuesta nada.
—Samuel Smiles
Escritor popular del siglo diecinueve

«¿Ah, sí? ¡A palabras necias, oídos sordos!» ¿Le suena familiar? De niños recitábamos esa frase muchas veces. Era nuestro medio de defensa cuando nos hallábamos en esas situaciones que a uno le enseñan que las palabras hieren emocionalmente, si no físicamente. Y muchos de nosotros tenemos recuerdos que muestran que el dolor que las palabras pueden infligir puede ser más devastador que una magulladura o la fractura de un brazo.

Las palabras son igualmente poderosas para los adultos. Somos capaces de lastimar o de tranquilizar a nuestros clientes con palabras; todo depende de cómo las utilicemos. El profesional de servicio que sabe utilizar las palabras bien obtiene una ventaja clara en la transacción de servicio.

Frases prohibidas

Hay palabras que solas o en combinación con otras crean imágenes negativas. Nancy Friedman, consultora sobre el servicio a clientes y habilidades en el uso del teléfono, conocida para muchos por su personaje comercial «The Telephone Doctor™», propugna una prohibición de lo que ella denomina las *cinco frases prohibidas*. Éstas son cinco respuestas que, intencional o involuntariamente pueden llevar a los clientes al colmo del enojo o de la frustración. Se mencionan en la tabla 15-1, junto con las alternativas que ella sugiere usar en su lugar.

Si bien estas cinco frases seguramente encienden la ira de los clientes, no son las únicas. ¿Qué cosas no están en la tabla 15-1 pero podrían irritarle si usted fuera el cliente?

Tabla 15-1

Frase prohibida	*En lugar de ella, use*
«No sé».	«Caray, esa es una buena pregunta. Permítame revisar y averiguar».
«No podemos hacer eso».	«Umm. Está difícil. Veamos qué puede hacerse». Luego, busque una solución alternativa.
«Usted tendrá que...».	Suavice su pedido con frases tales como: «Hay que...» o «De esta manera podemos ayudarle con eso», o «La próxima vez que eso suceda, esto es lo que puede hacer».
«Espere un momento; ya regreso».	«Me tomará unos dos a tres minutos (o el tiempo que requiera en realidad) conseguir eso. ¿Puedo ponerlo en espera mientras lo busco?»
«No», dicho al principio de una oración.	Si piensa antes de hablar, puede convertir todas las respuestas negativas en positivas. «No podemos devolverle su dinero, pero sí podemos cambiarle el producto sin cargo alguno».

SUGERENCIA: Prepare su propia lista de frases y palabras para usar y para no usar. Utilice la lista dada en la tabla

15-2 para empezar. Podrá añadir más de sus propias ideas empleando su experiencia y la perspectiva de sus compañeros de trabajo. ¿Cuáles son las palabras y frases que garantizan una sonrisa en el rostro del cliente? ¿Cuáles le hacen fruncir el ceño? Añada las de sus propias experiencias como cliente y como profesional de servicio. (Nota: Todos los ejemplos dados se han obtenido de situaciones reales.)

El mensaje tras las palabras

Todo profesional del servicio fuera de serie ha tenido la experiencia de decir algo con toda sinceridad e inocencia a un cliente, algo que suena racional y razonable para uno, pero que hace que el cliente estalle de ira. La intención de sus palabras no fue airar al cliente, pero ese fue el efecto. Al aprender a evitar algunas de las palabras y frases que provocan estas respuestas no deseadas, observará que tiene más éxito en evitar o calmar tales situaciones (tabla 15-2).

Tabla 15-2

No diga	Diga
«Ella se fue a buscar una golosina».	«No se encuentra disponible ahora».
«¿Ya terminó?»	«¿Puedo ayudarle con otra cosa?»
«No hay problema».	«Con mucho gusto», o «Sí, con todo placer».
«Amigo», «doñita» o «mi amor».	El nombre del cliente (tal como él o ella prefiere que se use).
«Bueno, eso realmente no es asunto mío».	«Comprendo lo molesto que se siente».
«Sí, sí, ya voy».	«Personalmente atenderé eso».

No diga	Diga
«Lo enviaron al departamento incorrecto».	«Aquí atendemos los artefactos pequeños, permítame transferirle al departamento que podrá ayudarle».
«Ese no es mi trabajo».	«Usualmente no me encargo de esa área, pero sé quién puede ayudarle. Permítame ver si se encuentra disponible».
«Queda allá» (y señala con un dedo).	«Permítame llevarle allá», o «¿Ve el letrero azul? Está directamente a la izquierda del letrero».

Uno de los mensajes negativos que más comúnmente enviamos a los clientes, aunque no nos percatemos de ello, es: «Pienso que usted es un estúpido». Enviamos ese mensaje cuando usamos frases tales como: «¿Me entiende?» con ese tono de voz particular, o si empezamos a hablarle a un cliente como si estuviéramos hablándole a un niño de cuatro años (aunque el comportamiento del cliente corresponda al de un preescolar). Si a los niños de cuatro años no les gusta que se les hable de modo degradante, ¿por qué pensaríamos que a los adultos les parecerá agradable o satisfactorio?

Un técnico de televisión por cable describió una técnica útil para asegurarse que el cliente ha comprendido lo dicho sin degradarle en la *Customer Connection Newsletter* (Boletín Conexiones del Cliente). Los técnicos tenían que estar seguros de que el cliente que había llamado por teléfono partía del punto correcto:

Antes de poder ayudar a [un abonado] con un problema, es importante confirmar que el aparato tenga sintonizado el canal correcto... Si le pregunto: «¿El televisor está sintonizado con el canal 3?», el cliente responde «Sí» automáticamente... y me incomoda decirle: «Por favor, vaya y cerciórese de ello». Así que ahora le digo: «Por favor vaya al televisor y sintonícelo con el canal 5, espere diez segundos y luego retórnelo al canal 3. Luego venga y dígame lo que pasó». Esto logra la acción que busco sin tener que cuestionar la palabra del cliente.

Eliminando el pánico con un libreto

Los vendedores por teléfono, aquellas personas que llaman justo a la hora de la cena para vender cosas, por años emplearon libretos: conversaciones escritas de antemano, diseñadas para ayudarles a causar la mejor impresión.

El personal de servicio frecuentemente se resiste a emplear libretos por el temor a sonar como autómatas o a tratar mecánicamente a los clientes al interactuar con ellos. Y eso puede suceder, pero no tiene que ser así.

La consultora de servicio Gail Boylan, quien fuera la enfermera principal del Baptist Health Group de Pensacola, Florida, antes opinaba de esa manera: «Detestaba la idea de usar un libreto. Parecía ser un insulto a la inteligencia de las personas». No obstante, alentada por algo que vio en un hospital de Chicago que recibió un premio, ella y sus colegas redactaron unos libretos sencillos, frases que cualquiera podía usar con los pacientes, que tuvieron un efecto dramático en las percepciones de los clientes en cuanto al servicio y la atención.

A un grupo de enfermeros se les ocurrió decir: «Voy a cerrar esta cortina para ayudarle a proteger su privacidad» cada vez que les tocaba cerrar las cortinas alrededor de la cama de un paciente. Los pacientes empezaron a decir lo atento y cuidadoso que era el personal.

Antes de salir de la habitación de un paciente, el personal de aseo, los auxiliares de enfermería y el personal de mantenimiento empezaron a decir: «¿Hay algo más que se le ofrezca? Tengo tiempo ahora para conseguirlo». Los comentarios mencionando lo considerado que era el personal empezaron a escucharse por todo el hospital. Igualmente importante fue que el número de llamadas de los pacientes por asuntos no médicos a las estaciones de enfermería disminuyó en un cuarenta por ciento.

El personal de seguridad en los aeropuertos también cuenta con sus propios libretos. Con sólo decir «gracias por su paciencia» cuando se pide a los viajeros que se quiten los zapatos o que saquen sus computadoras portátiles de sus estuches hace mucho por crear buena voluntad y mostrar preocupación por los pequeños inconvenientes de viajar por avión en la actualidad.

Los libretos de servicio funcionan mejor cuando:

- Son breves y fáciles de recordar.
- Se desarrollan en torno a asuntos que son importantes para los clientes.
- Las personas tienen libertad de parafrasearlos o expresarlos en sus propias palabras para no sonar como algo dicho de memoria o mecánico.

¿Cuáles son los mejores libretos de servicio? Eso es fácil. Son los que usted y sus colegas redactan por sí mismos.

No sólo de palabras vive el hombre, a pesar del hecho de que algunas veces tiene que tragárselas.

—Adlai Stevenson
Abogado y personaje político

16

Datos para los encuentros en persona

Prometo y declaro solemnemente que a todo cliente
que se me acerque a menos de tres metros de distancia le sonreiré, le miraré a los ojos y le saludaré, con la
ayuda de Sam.

—Juramento de los empleados de las tiendas
de descuento Wal-Mart

Las palabras que hablamos, escuchamos o leemos componen sólo una
pequeña parte de la forma en la que nos comunicamos unos con otros.
Los expertos sugieren que en los encuentros en persona, no menos de
un setenta por ciento de lo que se comunica se hace sin hablar una
palabra. Esto se denomina comunicaciones no verbales.

¿Qué son las comunicaciones no verbales? Es todo lo que no decimos: el lenguaje de nuestro cuerpo, nuestras acciones y reacciones, y lo que
mostramos a los demás cuando estamos con ellos. Hay nueve dimensiones
básicas de la comunicación no verbal. Los profesionales del servicio fuera de serie están agudamente conscientes de cada uno de estos aspectos.

1. *Proximidad.* Converse con un compañero de trabajo mientras
se encuentra a una distancia como del largo de un brazo. Después
de unos cuantos minutos, acérquese hasta que las narices de ambos
estén separadas por unos quince centímetros. ¿Se siente incómodo?

La mayoría de los estadounidenses diría que sí. Lo mismo sucede si se aleja a una distancia de dos metros. Las «zonas de comodidad» varían entre una cultura y otra. La mayoría de los estadounidenses prefiere mantener una distancia de entre cuarenta y cinco y sesenta centímetros. Los europeos, a excepción de los ingleses, se sienten cómodos a una distancia menor. Lo mismo puede decirse de los sudamericanos.

2. *Mirar a los ojos.* Mirar al cliente a los ojos reconoce que vemos al cliente como un individuo y que estamos prestando atención. Esto requiere de cierto equilibrio. En nuestra cultura, las personas que no nos miran a los ojos se perciben como sospechosas o hasta deshonestas, pero una mirada fija también puede incomodar al cliente. Y mirar a la persona a los ojos en Europa, Asia, el Oriente Medio, México y Sudamérica es algo que se rige según reglas culturales específicas. (Consulta el capítulo 20 para más sugerencias sobre cómo atender a clientes de otras culturas.)

3. *Silencio.* Podemos comunicar y comunicamos aun cuando no decimos nada. Permanecer en silencio mientras el cliente habla es cortesía básica, asentir les indica que estamos escuchando y comprendiendo lo que oímos. Sin embargo, un silencio prolongado puede dar la impresión al cliente de que no le oímos o de que estamos en desacuerdo con lo que ha dicho. Decir «ajá» o «ya veo» ocasionalmente le dice que estamos escuchando sin interrumpirle.

4. *Gestos.* Los gestos cerrados tales como brazos rígidamente entrecruzados, las manos metidas hasta lo profundo de los bolsillos o puños cerrados crean barreras no verbales. Los gestos abiertos invitan a las personas a nuestro espacio y dicen que nos sentimos cómodos con tenerles cerca. Muchos de nuestros gestos son inconscientes (por ejemplo, algunas personas se cruzan de brazos cuando tienen frío), así que propóngase pensar en lo que está haciendo no verbalmente cuando trate con clientes.

5. *Postura.* «Párate derecho», nos decía mamá, y tenía toda la razón. Una buena postura física transmite confianza y competencia. Inclinarse levemente hacia el cliente cuando habla dice que pensamos que lo que está diciendo es importante e interesante.

6. *Expresión facial.* Todos conocemos las señales: las cejas levantadas comunican sorpresa; un guiño del ojo indica un acuerdo o

alianza sagaz; los labios apretadamente cerrados, oposición; una sonrisa amplia, actitud amigable. Nos comunicamos con el rostro, aun cuando no lo hagamos con la voz.

7. *Contacto físico.* Lo que es y no es apropiado hoy día varía significativamente según la situación y las personas involucradas. Se acostumbran los apretones de manos, pero colocar una mano en el brazo o en el hombro de otra persona puede interpretarse como un acto muy personal. La regla general es que «menos es mejor», en la mayoría de las situaciones profesionales.

8. *Olores.* Este es posiblemente el menos comprendido de nuestros sentidos, pero es importante en los trabajos de servicio que requieren acercarse a los clientes. Tenga igual cuidado con los perfumes y colonias fuertes, como lo tiene con los olores naturales que cubre con ellos, pues algunos pueden ser sensibles o alérgicos. También sea consciente de que en una época en la que uno de cada tres adultos fuma, el olor perdurable del tabaco puede ser ofensivo.

9. *Apariencia general.* Tal como en una presentación teatral, hay que verse según el papel que uno desempeña. Que su vestuario requiera un traje completo o un overol azul en el trabajo que realiza depende de lo que hace, de lo que quiere comunicar a los clientes y especialmente de lo que sus clientes quieren ver. En todo caso, una cosa siempre es cierta de su apariencia física: La limpieza y la nitidez comunican competencia. (Las personas desordenadas pueden ser tan competentes o más que las personas nítidas, eso es cierto, ¡pero tienen que trabajar mucho más duro para demostrárselo a sus clientes!)

Pistas no verbales

SUGERENCIA: Algunas veces los mensajes no verbales que enviamos son más poderosos, más persuasivos y más reveladores que las palabras que hablamos. Cuando nuestras señales no verbales envían un mensaje diferente al de nuestras palabras, nuestros clientes pueden sentirse confundidos, desorientados o escépticos respecto a los motivos, acciones e interés en

servir sus necesidades. Una parte significativa del éxito como profesional del servicio proviene de cómo manejar las comunicaciones no verbales, en persona.

La contraparte de las comunicaciones no verbales es aprender a leer las pistas no verbales que dan sus clientes. Casi todos pueden mirar a otros y leer su lenguaje corporal evidente. Sabemos cuando los demás están alegres o tristes, calmados o enojados.

¿Qué es lo que hace que una persona se vea tan cómoda en situaciones sociales o al tratwar con clientes, mientras que otras parecen incómodas o ineptas? Las investigaciones sugieren que la diferencia puede hallarse en lo que hacemos con lo que sabemos. Los individuos socialmente expertos aceptan más fácilmente las señales de lenguaje corporal que reconocen y responden a ellas. Otros avanzan ciegamente, sin percatarse de las miradas de confusión que dicen: «Por favor deténgase y explíqueme eso nuevamente».

Los clientes no siempre hablan cuando se sienten incómodos, confundidos o frustrados. Pero si «escuchamos» los mensajes, captamos las pistas no verbales al igual que las audibles. Utilícelas eficazmente y le ayudarán a satisfacer y exceder las necesidades y expectativas de sus clientes.

La percepción es la clave para el éxito no verbal.

—Axioma de capacitación de ventas

17

Sugerencias para hablar por teléfono

Si contesto un teléfono que suena, acepto la responsabilidad de asegurar que el cliente quede satisfecho, *no importa* cuál sea el problema.

—Michael Ramundo
Presidente, MCR Marketing, Inc.

El uso del teléfono requiere estar más atento a la voz que en ningún otro momento. Los clientes no pueden escuchar sus expresiones faciales ni ver sus pistas no verbales, tales como encogerse de hombros o gestos con la mano. Ellos se forman una imagen mental de usted basándose en el tono y calidad de su voz. Su estado de ánimo, sonriente y alegre, o iracundo y con labios apretados, frecuentemente se pone de manifiesto. Por eso, antes de levantar un teléfono o ponerse un auricular, tome un momento para asegurarse que esté mentalmente preparado para enfrentar al cliente que está del otro lado de la línea. Se necesita práctica para desarrollar un tono de voz agradable. Esta lista de control del estilo de hablar por teléfono (consulte la tabla 17-1) puede ayudarle a evaluar su estilo de comunicación por teléfono. Después de todo, hablar con tonos bien modulados y agradables es un talento que se aprende.

SUGERENCIA: Grábese hablando por teléfono y luego pídale a un amigo honesto o a su jefe que evalúe su calidad vocal. Mejor aún, pida a alguien que le grabe desde el extremo del interlocutor para que pueda oír cómo suena para sus clientes.

Tabla 17-1

LISTA DE CONTROL DEL ESTILO DE HABLAR POR TELÉFONO		
Calidad vocal	Sí	No
Voz fácil de escuchar sin ser demasiado fuerte.	☐	☐
Palabras pronunciadas con claridad.	☐	☐
Ritmo bueno, ni muy lento ni muy rápido.	☐	☐
Tono de voz agradable, ni chirriante ni nasal.	☐	☐
Nivel de energía muestra interés y entusiasmo.	☐	☐
Técnicas de teléfono		
Teléfono se contesta rápidamente, al segundo o tercer repique.	☐	☐
El interlocutor recibe un saludo cortés.	☐	☐
El representante se identifica a sí mismo ante el interlocutor.	☐	☐
Las transferencias se manejan de modo profesional.	☐	☐
Los mensajes se captan de modo completo y preciso.	☐	☐

ADVERTENCIA: Si nunca ha escuchado su voz grabada, le sorprenderá la forma en la que suena. No deje que eso le moleste: A todos nos parece que nuestra voz grabada suena extraña.

Etiqueta en el teléfono: Un repaso rápido

Las conversaciones telefónicas profesionales poseen cuatro procesos básicos sensibles al cliente. Conocerlos y seguirlos asegura que los clientes sientan que realmente están siendo atendidos.

Contestar el teléfono

El repique de un teléfono es uno de los sonidos más insistentes del mundo. (Sólo trate de dejar que el teléfono de su casa suene sin responderlo. La mayoría de las personas no puede.) Cuando un cliente llama y nadie contesta, o si la línea está ocupada, o si suena quince veces antes de que alguien conteste, es como decirle al cliente (como dice en un anuncio publicitario de una compañía de teléfonos): «Lo siento, pero tendrá que salir de esta tienda y llevarse su dinero. Estamos muy ocupados aquí y sencillamente no tenemos tiempo para atenderle. Por favor, vaya y compre en otra parte. Y gracias por tratar de hacer negocio con nosotros». Establezca una norma para sí mismo (dos o tres repiques, por ejemplo) y trate de cumplirla cada vez.

Cuando responda el teléfono, recuerde que el cliente puede oírle desde el momento que el teléfono deja su horquilla o activa el auricular. Usted no quisiera saludar a su cliente con: (*voz distante*) «Así que le dije esto o aquello... (*voz directa*). Ah, ¡hola!»

FRASE GANADORA: «Hola, esta es la compañía Acme. Me llamo Mónica. ¿En qué puedo servirle?» Los mejores saludos tienen tres elementos. Primero, un saludo, tal como «Hola» o «Buenos días». Debido a que algunos sistemas telefónicos no transmiten la primera palabra, el saludo protege al segundo elemento, la identificación. Sugerencia para la prevención de crímenes: Practique decir la identificación lentamente. Con frecuencia, la identificación se dice tan apresuradamente que el cliente no está seguro de con quién está hablando. «HolaCompañíaAcmeEnQuéPuedoServirle» no es una sola palabra, pero a veces así la pronuncia un representante de servicio que se siente aburrido.

Introducir información

Con frecuencia, las llamadas de clientes requieren buscar información o introducirla en un sistema de computadoras. Cuando esto se hace en persona, el cliente nos ve trabajando y casi automáticamente ejerce paciencia y admite el flujo de información de modo correspondiente.

Por teléfono, el cliente no puede ver nuestros dedos martillando el teclado o moviendo el ratón. Para dar el tiempo que se necesita para acceder a la cuenta del cliente, hallar la información que el cliente necesita, o introducir los datos del cliente, sutilmente déle una indicación describiéndole lo que está haciendo. Utilice frases tales como:

> «Muy bien, Sra. Pérez, permítame poner su cuenta aquí en la pantalla... Aquí está. Muy bien, puedo ver que hizo su pedido el día quince...»

Y

> «Permítame introducir eso en la computadora. Muy bien, es el 35185 Calle Virginia, Sicómoro, s-i-c-ó-m-o-r-o, Indiana».

Trabajar en voz alta, hablando mientras se introduce la información del cliente o se accede a su cuenta, avisa al cliente lo que está haciendo y le asegura que no le ha puesto en espera para irse a buscar café.

ADVERTENCIA: No incluya en su conversación casual comentarios acerca de lo lento que funciona su computadora. Eso indica que la empresa es anticuada y genera dudas sobre su fiabilidad. Indíquele al cliente con quién está hablando. Finalmente pregunte en qué puede servirle.

¿Puedo ponerle en espera? Tengo una llamada importante.

Poner a un interlocutor en espera

A veces es necesario poner a un interlocutor en espera. Tal vez tenga que responder a una segunda línea, tal vez tenga que alejarse de su escritorio para obtener información, o tal vez necesite un momento para reorganizar sus pensamientos mientras atiende a un cliente particularmente volátil.

Cualesquiera que sean las circunstancias, nunca ponga a un interlocutor en espera sin antes pedirle su consentimiento: «¿Puedo ponerle en espera?» o «¿Puede esperar, por favor?» Y la pregunta no significa nada si no espera la respuesta. Sí, eso toma un momento más, pero bien vale la pena por la impresión positiva que crea. Y, sí, se corre el riesgo de escuchar: «No, no me ponga en espera». Acepte eso y reordene sus prioridades o tome el número de teléfono del cliente y devuélvale la llamada lo más rápido posible.

El interlocutor que no quiere que lo pongan en espera no necesariamente está siendo prepotente. Recientemente, una buena amiga nuestra llamó a la oficina de su médico. Debido a que la recepcionista la conocía, supuso que estaría bien ponerla en espera mientras atendía otra llamada con un simple: «Oh, Nancy, espera un momentito». Esa suposición casi resultó mortal. Nancy se había arrastrado hasta el teléfono luego de haber sufrido un problema médico grave.

Ese caso es raro, de seguro, pero los interlocutores pueden tener razones legítimas por las cuales no quieren o no pueden esperar. Recuerde que el servicio fuera de serie se entrega de modo individual, según lo que cada cliente necesita y espera.

FRASE GANADORA: Cuando atienda múltiples llamadas y necesita poner las llamadas que no son de emergencia en espera, pregunte: «¿Puede esperar?» en lugar de «¿Puedo ponerle en espera?» Los clientes frecuentemente responden que sí a la pregunta «¿Puede esperar?» aun si eso no es lo que preferirían hacer.

Tomar mensajes

Los buenos mensajes son precisos y completos. Si no está transfiriendo la llamada a un buzón de voz, entonces cerciórese de obtener el nombre completo, nombre de la empresa y número de teléfono de la persona que llamó. «Dígale que llamó Guillermo» funciona únicamente si el destinatario del mensaje sólo conoce a un Guillermo. Para asegurarse que tiene el nombre y número de teléfono correctos de la persona que llamó, léaselos de nuevo. La fecha y hora del mensaje también es importante. Finalmente, asegúrese de escribir su propio nombre en el mensaje; si hubiera alguna pregunta, el destinatario podrá pedirle que le aclare algo.

FRASE GANADORA: «¿Puede darme su número de teléfono para tenerlo como referencia rápida?» Algunas veces resulta molesto a los clientes dejar su número de teléfono: «Él ya lo tiene. Después de todo, le estoy devolviendo su llamada». La frase «para tenerlo como referencia rápida» ayuda a evitar esa respuesta negativa y a captar un mensaje completo.

Transferir llamadas

Los clientes detestan que los estén pasando de Chana a Juana y luego de regreso a Chana. Siempre que sea posible, evite transferir la llamada. Ayude al cliente usted mismo, o tome un mensaje y haga que la persona apropiada devuelva la llamada. Cuando tenga que transferir una llamada, asegúrese de darle al cliente el nombre y número de teléfono de la persona que le atenderá. De este modo, si hay algún problema con el sistema telefónico, el cliente podrá localizar a la persona adecuada. Y si es posible, quédese en la línea hasta asegurarse que la transferencia suceda sin problemas.

FRASE GANADORA: «José, te estoy transfiriendo una llamada del Sr. Polasky. Él necesita que le actualicen su cuenta». Avise a la persona que recibirá la llamada transferida quién está en la línea y por qué la está transfiriendo. Una palabra de advertencia: Siempre hable respetuosamente de la persona que ha llamado, nunca suponga que el cliente no puede oírle sencillamente porque piensa que está en espera durante la transferencia.

Correo de voz

El correo de voz es la ayuda más grande y la ruina más grande de los negocios modernos. Tenemos una verdadera relación de amor y odio con esta herramienta. Para usar el correo de voz de la mejor manera posible, recuerde las pautas siguientes:

- *El correo de voz no es sustituto, sino suplemento de una conversación telefónica en tiempo real.* Cuando tenga la alternativa de hacerlo, siempre hable directamente con el cliente, en lugar de dejarle un mensaje o una serie de mensajes.
- *Cambie su mensaje con frecuencia.* Brinde información actualizada indicando si se encuentra en la oficina, cuándo recibirá y responderá a los mensajes y con quién puede comunicarse el cliente si el asunto no puede esperar.
- *Indique la información que deben dejar.* Algunos sistemas automáticamente «marcan» los mensajes entrantes con la fecha y hora. Si su sistema no lo hace, tal vez deba recordarle a los que llaman que incluyan esa información.
- *Instruya sobre cómo usar el sistema.* «Para indicar que este mensaje es urgente, marque 1». O: «En el futuro, puede pasar este mensaje por alto pulsando la tecla numeral».
- *Llame a su buzón de voz periódicamente para asegurar que su mensaje está claro y que el sistema de correo de voz funciona correctamente.* Los sistemas pueden descomponerse, llenarse y funcionar mal.
- *Devuelva las llamadas con prontitud.* Muchos representantes de servicio al cliente siguen la regla de la puesta del sol: Devuelva las llamadas en el mismo día; preferentemente pocas horas después de haberlas recibido.

Para sacarle el máximo provecho al teléfono es necesario entender y saber usar con facilidad las funciones de su sistema telefónico. Si está usando el nuevo protocolo de voz sobre Internet (VOIP, por sus siglas en inglés), por ejemplo, y no ha dominado todas las funciones

que ofrece la tecnología, asegúrese de pedir ayuda para que no tenga
que «practicar» con los clientes.

Teleconferencias

Si participa en una teleconferencia, cuando más de dos personas se
conectan a una sola conversación telefónica, o sencillamente está esta-
bleciendo la conexión para la reunión, hay ciertos protocolos importantes que hay que recordar.

1. *Una vez que se ha fijado la fecha y hora de la teleconferencia,
asegúrese que todos los que participen tengan las instrucciones de acceso telefónico y la hora de la reunión.* Envíe esa información a los participantes por doble conducto: por teléfono y por correo electrónico.

> **SUGERENCIA:** Si la teleconferencia está planeada
> con más de siete días de anticipación, asegúrese de
> enviar un recordatorio por correo electrónico la tarde
> antes de la teleconferencia, si esta será por la mañana,
> o por la mañana si será al mediodía o por la tarde.
> Y si la teleconferencia cruza husos horarios, lo cual
> frecuentemente sucede, especifique la hora de inicio
> en cada huso horario. Por ejemplo, si la teleconferencia
> está siendo organizada por una persona en Chicago,
> y todos los participantes se encuentran en Estados
> Unidos, las notas que envíe a los participantes deberán
> especificar que es hora centro: «La teleconferencia se
> iniciará a las 10:00 a.m., hora centro».

2. *Las presentaciones son importantes para sacarle el máximo
provecho al tiempo de la llamada y para evitar confusiones.* Si usted
origina la llamada, sea el primero en conectarse y tenga una lista
impresa de todos los participantes delante de usted. Cuando escuche
a diferentes personas unirse a la llamada, pídales que se identifiquen:
«Creo que alguien acaba de unirse a nosotros. Esta es Sara de Aparatos ABC, ¿podría identificarse, por favor?» Y cuando otros se unen a
la conferencia, indíqueles quiénes ya están en la línea. Por ejemplo:
«Gracias por unirse a nosotros. Guillermo González y María Herrera

también están con nosotros. Guillermo es vicepresidente de la división de Aparatos de color y María es la directora de atención al cliente. Guillermo y María, por favor, ¿podrían saludar?»

> **SUGERENCIA:** Imagine que la teleconferencia es como una reunión en una sala grande y sin ventanas que sucede en medio de una interrupción en el suministro eléctrico. Su tarea es ayudar a que todos encuentren su asiento y se sientan cómodos con los demás participantes.

3. *Una vez que todos están en la línea, dedique unos cuantos segundos a establecer las reglas de la reunión.* He aquí dos de ellas:

- Si hay más de cuatro participantes en la reunión, pida a las personas que se identifiquen cada vez que hablan, por ejemplo: «Esta es Sara. Estoy totalmente de acuerdo contigo, Guillermo, y me gustaría añadir...»
- Si la reunión tiene una agenda, pida a los participantes que la tengan delante.

4. *Repase las responsabilidades asignadas y actividades de seguimiento antes de que todos cuelguen y termine la conferencia.* Siga la conferencia con un correo electrónico que confirme los compromisos y asignaciones de todos.

5. *Si esta es una conferencia con un cliente, no repase la reunión con sus colegas durante la conferencia.* Cuelgue y llame a los demás, o si trabajan en un mismo edificio, reúnanse en persona. Nunca evalúe una teleconferencia en la misma línea de la conferencia. Nunca se puede estar seguro de que todos han colgado. Evite la posibilidad de quedar avergonzado al decir algo que no quisiera que el cliente escuche ¡si este todavía se encontrara en la línea!

> Cuando contesta el teléfono, la imagen de su negocio está en la línea.
>
> Titular
> Revista *Video Business*

18

Llevando la pluma al papel o los dedos al teclado

El escritor que hace lo máximo da a sus lectores el mayor conocimiento y le quita la menor cantidad de tiempo.

—Charles Caleb Colton
Clérigo inglés del siglo diecinueve

Las comunicaciones verbales son rápidas y personales. Le permiten transmitir información y confirmar la comprensión completa de la misma por medio de observar el lenguaje corporal del cliente y sondear en busca de preguntas o preocupaciones adicionales. Pero las comunicaciones verbales no siempre son posibles.

Algunas veces es necesario comunicarse por escrito o sencillamente es buena idea hacerlo. Podría resultar imposible comunicarse con el cliente por teléfono o en persona. Tal vez necesita enviar información adicional. Tal vez desee crear un rastro de documentación que permita que usted y el cliente den seguimiento a una transacción de servicio que abarca varias semanas o meses. Aun si no existe una necesidad inmediata, una carta enviada luego de una conversación puede ser una forma magnífica de confirmar hechos y detalles, y de paso dar las gracias.

Al igual que con otros aspectos del servicio fuera de serie, hay elementos de estilo y de sustancia que deben combinarse a favor del cliente cuando usted lleva la pluma al papel, o los dedos al teclado. Si bien parte del material escrito que su compañía envía a sus clientes (desde estados de cuenta y folletos publicitarios hasta documentación de productos y avisos legales) es de formato fijo e impersonal, sus propias comunicaciones escritas deberán transmitir un tono más personal (tabla 18-1).

Su mensaje

¿Por qué le escribe al cliente? Porque tiene algo que decirle y una razón por la cual decirlo:

• *Usted escribe para confirmar un acuerdo.* Suponga, por ejemplo, que usted es un agente de viajes. Una pareja busca su ayuda para planificar unas vacaciones de invierno. Explican que desean viajar a Colorado a esquiar, pero que no quieren alojarse en un complejo turístico de esquiadores. Les gustaría alquilar un apartamento tipo condominio, y sería fabuloso si usted pudiera obtener uno donde no se permitiera fumar. Es importante tener un salón de belleza y una piscina cercanos, al igual que lugares dónde ir de compras. Y por supuesto, desean obtener el paquete de precio más económico.

Es un pedido difícil. Para cumplirlo, pasará tiempo discutiendo cuáles de sus condiciones son obligatorias, y cuáles son de las que sería agradable si pudieran obtenerse. Y para mostrar que realmente está al tanto de las cosas, envíe una carta que describa el contenido de la discusión. La carta confirma los detalles para ambos y hace que los clientes sientan que en verdad les escuchó.

• *Usted escribe para crear documentación.* Un rastro de papel puede confirmar que ciertas acciones se llevaron o se llevarán a cabo después de terminada la conversación verbal. Puede servir como un resumen breve de actividades varios meses en el futuro, cuando el recuerdo de la transacción ha empezado a desvanecerse. También puede servir como contrato que liga a usted y al cliente con un acuerdo particular sobre cómo se manejaría una situación dada.

• *Usted escribe para solidificar relaciones.* Las comunicaciones escritas son una manera de darle aspecto tangible (y memorable) a la naturaleza efímera y transitoria de la mayoría de las interacciones de servicio. Una nota de agradecimiento da evidencia tangible de su atención y aprecio.

Tabla 18-1

OCHO SUGERENCIAS PARA REDACTAR CARTAS

1. Sea cual fuere el contenido o propósito de la carta, prepárela de modo legible y nítido.
2. Si está escribiendo de modo oficial a nombre de su empresa, mecanografíe o imprima la carta usando papel con el membrete de la empresa.
3. A menos que esté enviando una nota personal breve, utilice papel estándar de 8.5 por 11 pulgadas, tamaño carta. Las páginas más pequeñas que este tamaño se traspapelan con mayor facilidad, las más grandes no caben en los espacios básicos de las oficinas modernas: buzones de entrada, carpetas de archivo, copiadoras, máquinas de fax y maletines.
4. Vaya al grano rápidamente. Explique el propósito de la carta en el primer párrafo.
5. Sea breve. Trate de hacer que las cartas no pasen de una página siempre que sea posible.
6. Escriba en primera persona singular. *Yo,* en lugar de *nosotros.*
7. Escriba tal como habla. La carta debe sonar como que proviene de una persona real, no de un burócrata.
8. Escriba correctamente. Revise la ortografía. Utilice un estilo y gramática correctos. Si tiene dudas, pídale a otra persona que corrija la carta y le sugiera formas en las cuales pulir su prosa.

Incluir un dato sólo a manera de información, o un recorte de un periódico o revista actual deja en claro que está pensando en sus clientes, aunque no los haya visto personalmente por algún tiempo. Una carta de felicitaciones cuando algo bueno sucede a sus clientes (o a sus empresas) dice que la relación que sostiene con ellos involucra más que sólo dinero.

Cómo escribir a personas cuya lengua materna es diferente

Cuando escriba a clientes cuyo dominio del castellano sea limitado o que hablen su lengua materna como segundo idioma, es útil recordar unas cuantas sugerencias para evitar los malos entendidos. A continuación presentamos algunas sugerencias, por cortesía de Roger Axtell, autor de *The Do's and Taboos of International Trade* ([Qué hacer y no hacer en los negocios internacionales] John Wiley and Sons, 1994):

• Emplee oraciones breves y sencillas. Aunque la habilidad de lectura de los de habla no nativa frecuentemente es superior a su habilidad para escuchar, las oraciones largas, con muchas conjunciones, adjetivos o siglas pueden resultarles difíciles de comprender.

• «La palabra escrita no sonríe», afirma Axtell. En otras palabras, se podría redactar un párrafo con tono informal o irónico, pero una persona con un conocimiento limitado del idioma podría no captar sus intenciones o tomar lo dicho fuera de su contexto.

• Repita las afirmaciones importantes o complejas en varias maneras diferentes para asegurar que su mensaje se comprenda.

• Evite el uso de jergas, expresiones idiomáticas o palabras de moda. Las figuras retóricas familiares («hacer la vista gorda») pueden causar confusiones y hasta ser ofensivas en otras culturas.

• Tenga cuidado con cómo escribe las fechas. En Estados Unidos, 10/12/06 representa el 12 de octubre del 2006. Pero en muchos otros países, cuando se usan números para representar una fecha, el día se escribe primero, luego el mes y finalmente el año. De manera que algunos de sus clientes fuera de Estados Unidos leerían 10/12/06 como el 10 de diciembre del 2006.

• El sistema métrico rige. Recuerde que una gran parte del mundo emplea el sistema métrico, de modo que el uso de frases tales como «el cielo raso de doce pies» o «el paseo de cinco millas» carece de significado para algunos de los que leerían su correspondencia.

> **NOTA:** Si está escribiendo en el ciberespacio, enviando correo electrónico, asegúrese de tomar en cuenta las sugerencias para correo electrónico que se ofrecen en el capítulo siguiente.

Las palabras vuelan, los escritos permanecen.

—Proverbio latino

19

Dando la mejor impresión posible por correo electrónico

Cuando usted se presenta por correo electrónico, no sólo está dando una primera impresión, sino que también está dejando un registro escrito.

—Virginia Shea
Gurú de Netiquette™

Hoy existen muchas organizaciones que se comunican regularmente con sus clientes por correo electrónico. Algunas veces esos correos electrónicos provienen del sitio Web comercial de la empresa, otras veces provienen de un proveedor de servicio de Internet (ISP, por sus siglas en inglés) tal como America Online, Hotmail o Earthlink.

No importa la ruta que tome el correo electrónico para llegar a su pantalla, hay expectativas del cliente y protocolos de correo electrónico que observar cuando se ofrece servicio al cliente por correo electrónico. Los clientes evalúan el servicio al cliente por la Internet según la facilidad con la cual se puede contactar a la empresa y la rapidez y precisión con la que se responden sus preguntas. Y aunque su empresa tenga una sección robusta de «Preguntas frecuentes» en su sitio Web, la opinión que tengan los clientes del servicio electrónico probablemente se basará más en la calidad de la respuesta a sus preguntas y quejas por correo electrónico que en una función estática de autoayuda. Recuerde, para el cliente usted es la empresa, aun en la era incorpórea de la Internet. La empresa puede enviar miles de correos electrónicos por día, pero sólo se necesita una respuesta mal redactada, ofensiva o exageradamente mecánica para arruinar su reputación.

El cliente por correo electrónico

Tal como el cliente que llama por teléfono desarrolla una impresión pobre de usted si no contesta el teléfono al primer o segundo repique, el cliente por correo electrónico no queda muy bien impresionado si toma dos o tres días recibir una respuesta a una pregunta o queja. Visualícelo así: Si alguien le pusiera en espera por dos días, ¿cómo se sentiría? Los clientes esperan que la comunicación por correo electrónico sea casi tan veloz como el teléfono. Después de todo, razonan, todo funciona por computadora, ¿acaso no debiera ser rápido?

> **SUGERENCIA:** El tiempo normal esperado de respuesta para correos electrónicos de negocios es de aproximadamente ocho horas, pero está disminuyendo. En algunas industrias se considera de dos a cuatro horas como la norma. Si no es posible responder a una inquietud del cliente en un mismo día, por lo menos debe acusar recibo del mensaje en el mismo día. Algunos sitios Web hacen esto automáticamente. Si el suyo no lo hace, acuse recibo del mensaje e indíquele al remitente cuándo tendrá respuesta.

Respondiendo a correos electrónicos

Muchas personas están acostumbradas a conversar de modo simpático e informal con sus amigos por Internet. La velocidad e informalidad percibida del correo electrónico hacen que ese medio se sienta más como una conversación que escribir una carta. ¡Tenga cuidado! No trate a sus clientes como viejos amigos, a menos que lo sean. Tenga cuidado con las palabras que escoge con sus clientes. A menos que esté escribiéndole a alguien sumamente familiarizado con su negocio, evite el uso de jerga y expresiones abreviadas; su cliente podría desconocer lo que es un exhibidor POS o un sistema XD29. También resulta peligroso suponer que todo el que envía correo electrónico está familiarizado con la singularidad y convenciones de la jerga del correo electrónico. Por ejemplo, las personas que usan correo electrónico con frecuencia emplean abreviaturas especiales, tales como «¿eono?» (¿es o no es?) o gcias (gracias) y colocan «emoticonos», símbolos que transmiten emociones, en su correspondencia.

Cuando redacte correo electrónico, piense en las características de la persona que recibirá su mensaje:

• *¿El lector es una persona joven o mayor? ¿Es un ejecutivo de alto nivel o un recién graduado de la universidad que acaba de ser contratado? ¿Es el castellano su primer idioma?* Asegúrese que sus clientes puedan comprender lo que escriba y que se sientan cómodos con la forma en la cual lo escriba. Aun entre los clientes jóvenes y conocedores de Internet, un lenguaje suelto y expresiones sarcásticas pueden causar malos entendidos. Además, los clientes mayores podrían sentirse más ofendidos que otros grupos por la falta de formalidad o deferencia en sus mensajes.

• *¿Cuál es la naturaleza de la relación con el cliente?* Si no se ha comunicado con este cliente muy a menudo, entonces es preferible ser más formal y deferente. Si el cliente está molesto por algo, no trate de bromear con el cliente ni de tratarle con zalamerías, no importa lo bien que le conozca.

• *Vaya al grano.* No obligue al lector a navegar treinta líneas de texto antes de llegar al objetivo verdadero del mensaje. Evite un exceso de «limpiarse la garganta» por medio de indicar el propósito del correo electrónico poco después de su saludo inicial.

Vuelva a leer la correspondencia antes de pulsar el botón de «enviar». Examine el tono. Un tono frío e impersonal, por ejemplo, dice a los clientes que los visualiza como números. El uso excesivo

¿Él señala y también hace clic?

de jerga y lenguaje legal confunde en lugar de consolar y les hará cuestionar si usted tiene algo que ocultar. La buena ortografía cuenta en correo electrónico también. Si no se toma la molestia de usar el corrector ortográfico, ¿qué le dice eso al cliente sobre el cuidado que tendrá al atender el resto de sus necesidades?

• *Asegúrese que las personas indicadas sean las que reciban el mensaje.* Con mucha frecuencia, los que se comunican por correo electrónico pulsan el botón de replicar y envían, o envían una «copia al carbón» a muchos que no necesitan leerlo, o para quienes el mensaje es de baja prioridad o irrelevante. En algunos casos, los mensajes que se suponía que fueran confidenciales son enviados a personas que no debieran verlos. Lo mismo sucede con reenviar mensajes recibidos a clientes o compañeros de trabajo. Resulta tedioso tener que avanzar por una lista extensa de direcciones de correo electrónico de otros destinatarios antes de llegar a la «aguja en el pajar», el mensaje en sí. Siempre revise cuidadosamente la lista de destinatarios de réplica antes de pulsar el botón de enviar.

> **SUGERENCIA:** Tenga cuidado al enviar anexos con los mensajes de correo electrónico a clientes. Para empezar, asegúrese que la persona a la que le envía el anexo tenga el programa de computadora adecuado para

leerlo. Algunas empresas también tienen normas que prohíben recibir anexos para evitar los virus que pudieran contener, o para limitar la descarga de archivos grandes que pudieran sobrecargar sus redes privadas. En caso de duda, verifique con el cliente para asegurarse que está bien enviar un anexo antes de hacerlo.

El resultado

Piense en la acción que desea estimular. Lo que ha escrito debe dejar en claro por qué está escribiendo y qué es lo que espera que los clientes hagan en respuesta, en caso tal. ¿Necesitan tomar alguna acción? En tal caso, ¿para qué fecha y de qué manera? ¿Se supone que guarden la correspondencia para referencia futura? En caso tal, ¿por cuánto tiempo? ¿Necesitan enviarle la correspondencia a alguien más? En caso tal, ¿a quién y para cuándo? La buena redacción es parte extremadamente poderosa del buen servicio. La redacción inepta socava todo lo que ha trabajado tan duro por construir (tabla 19-1).

Tabla 19-1

TRES SUGERENCIAS PARA EL CORREO ELECTRÓNICO*

1. *Sea personal.* Si bien los correos electrónicos enviados a clientes deben ser más formales que los que se envían a amigos o compañeros de trabajo, los usuarios de correo electrónico esperan que las comunicaciones electrónicas tengan un estilo más personal. Nada deja tan fríos a los clientes como una respuesta prefabricada a un problema o preocupación que les ha hecho perder el sueño. Siempre que sea posible, personalice sus correos electrónicos usando su propio nombre, personalizando sus respuestas a las preguntas de un cliente e incluyendo una despedida considerada.

2. *Piense como si fuera una máquina de escribir Smith Corona de los años cincuenta.* (Si no sabe lo que es una máquina de escribir, pídale a su supervisor que se lo explique.) La asesora de correo electrónico, Virginia Shea, observa que no se debe esperar que los sistemas de correo electrónico, ni el suyo ni el de los clientes, comuniquen con precisión los «efectos especiales» comunes de

los documentos escritos de la actualidad. Eso significa no usar negrita, cursiva, subrayado ni columnas tabulares. Limítese a usar las letras mayúsculas y minúsculas del alfabeto, los números 0 al 9 y los signos de puntuación más comunes. Shea también sugiere limitar el largo de los renglones de correo electrónico a sesenta u ochenta caracteres, o de ocho a diez palabras para evitar divisiones molestas de renglones.

3. *No GRITE.* Usar sólo letras mayúsculas para comunicarse por correo electrónico equivale a gritar continuamente. Si bien es posible usar mayúsculas para hacer énfasis, considere el uso de otros métodos, tales como rodear el texto con *asteriscos* para representar cursivas, o __subrayado__ para indicar texto subrayado.

* Estas tres sugerencias han sido adaptadas de *Netiquette™* por Virginia Shea (Albion Books, 1994).

Personalización

Cuando responda a consultas por correo electrónico, los mensajes personalizados tienen mucho más valor que las respuestas generadas por computadora a los ojos de sus clientes. La respuesta personal dice al cliente que está interesado en ayudarles a tratar con usted. Si su empresa tiene un sitio para compras por Internet, la personalización es la forma más evidente y directa de mejorar la experiencia del comprador. Un estudio conjunto realizado por la Society of Consumer Affairs Professionals (SOCAP) y por Yankelovich Partners halló que sólo un uno por ciento de los compradores por Internet encuestados opinaba que era aceptable recibir una respuesta automática, una respuesta genérica, a sus situaciones problemáticas. Los clientes basan su opinión de la empresa por la forma en la cual reciben respuesta a sus consultas y problemas.

Ella está emocionada porque responde un 95 por ciento de los correos electrónicos de clientes en menos de 3 días. (¿No se ha enterado de que en cuestión de horas, la mayoría de ellos fue directamente a sitios de la competencia?)

—Anuncio publicitario de Genesys

20

El mundo es pequeño: Servicio sensible a las culturas

La barrera más grande contra el éxito en los negocios es la que erige la cultura.

—Edward Hall
Experto en comunicaciones transculturales

Resulta suficientemente difícil satisfacer las demandas y aliviar las frustraciones de los clientes que comparten el mismo idioma, que utilizan la misma jerga o que tienen las mismas costumbres que usted. Amplíe ese reto de servicio con clientes que aún no dominan su lengua materna, que provienen de otras culturas con expectativas de servicio que frecuentemente son desconcertantes, o que pueden sentirse ofendidos por prácticas de comunicaciones que uno da por sentado, y la potencialidad de que el servicio al cliente se estropee aumenta de modo exponencial.

Ya sea que la sede de su empresa se encuentre en Nueva York, Bangalore o Manila, usted probablemente trata cada día con clientes de más culturas y países que nunca antes. El mundo se está encogiendo, y atender a una base de clientes multiculturales requiere una nueva comprensión de los valores únicos, expectativas y normas culturales que las personas de otras partes del mundo traen a una interacción de servicio.

Si es demasiado directo en sus comunicaciones o mira excesivamente a los ojos a ciertos clientes del litoral del Pacífico, se podría percibir como un servicio grosero. Con personas de Alemania, si es exageradamente conversador o si usa el nombre de la persona a secas, sin que le hayan invitado a hacerlo, les parecerá chocante su informalidad. Si habla con un acento difícil de descifrar cuando atiende llamadas de clientes del occidente en centros de llamadas internacionales, eso podría desatar un alud de quejas de clientes insatisfechos a ejecutivos principales. Si pregunta a clientes del Japón si se sienten satisfechos con su manera de resolver un problema de servicio, el «sí» que escuche en respuesta podría no ser una indicación de acuerdo, sino un deseo de evitar una confrontación y mantener la armonía.

Los malos pasos en las comunicaciones transculturales pueden hacer más que disgustar a clientes temporalmente, también pueden costarle a su empresa una suma incalculable en ventas perdidas, descarrilar oportunidades importantes para edificar relaciones y conducir a pérdidas costosas de clientes.

Cómo entregar servicio globalmente amistoso

Por supuesto, no se puede esperar que aprenda todas las singularidades culturales, las trampas del lenguaje corporal o preferencias de servicio de los clientes de todas las culturas que trate, ni el formarse estereotipos ayudará a su causa. Si entra a un encuentro de servicio con demasiadas nociones preconcebidas sobre los miembros de otras culturas y no adapta su enfoque según las diferencias individuales, probablemente dejará a muchos clientes ofendidos a su paso.

Habiendo dicho eso, los investigadores culturales han identificado normas de comportamiento, valores y creencias de muchas culturas a través del mundo que puede ser útil conocer de antemano en las interacciones de servicio. Hemos mencionado algunas de ellas aquí para ayudarle a navegar los obstáculos interculturales que pueden surgir en el mercado global de hoy, junto con sugerencias para facilitarles a personas cuya lengua nativa difiere de la suya el establecer relaciones comerciales con usted.

- *El respeto es el idioma universal del servicio.* Los clientes de otras culturas podrían perdonarle el no saber todas las especificaciones de un producto o los detalles de la última promoción anunciada, pero ese perdón usualmente desaparece si usted es impaciente con un castellano imperfecto, acento marcado o nombre difícil de pronunciar. Ser paciente, respetar las diferencias y dejar a los clientes ser oídos puede salvar aun el valle cultural más amplio.

- *Simplifique y aclare su lenguaje cuando hable con personas no nativas.* Cuando se atiende a clientes que todavía están aprendiendo su lengua materna, vale la pena hablar de modo más deliberado, limitar el uso de sinónimos o abreviaturas que pudieran causar confusión e intercambiar claramente las ideas. En este caso, entre menos florido sea su lenguaje, mejor. Los clientes que están aprendiendo el español como segunda lengua, por ejemplo, podrían quedar confundidos si primero les habla de «beneficios» y luego los describe como «ventajas».

Hablar a un ritmo más lento, pero no tan lento que parezca condescendiente, y usar más pausas, también ayuda a la comprensión. Pero evite la tentación de aumentar el volumen. Eso tal vez funcione

con su tío Alberto, el sordo, pero seguramente sólo disgustará u ofenderá a clientes multiculturales.

Roger Axtell, autor del éxito de ventas *Do's and Taboos Around the World* dice que la técnica del «eco» puede ayudar a asegurar que las personas cuya lengua materna es diferente le comprendan. Por ejemplo, podría decir: «Algunas veces hablo demasiado rápido. Tal vez este es un buen momento para detenernos y que usted me diga, en sus propias palabras, lo que hemos hablado».

• *Sea consciente de su jerga.* Los estadounidenses usan más figuras retóricas, jerga, metáforas deportivas y palabras de moda que posiblemente todos los demás países del planeta. Usar expresiones idiomáticas tales como «izarlo por el asta» o «volando bajo» con clientes no familiarizados con tales términos puede dejarlos pensando de qué planeta ha venido.

Si bien no es posible eliminar todas estas frases, usted puede ser más consciente de su uso y asegurarse que le estén comprendiendo. Y si está trabajando en un centro de llamadas fuera de Estados Unidos o Inglaterra, pero trata primordialmente con clientes en Estados Unidos o el Reino Unido, es útil familiarizarse con las figuras retóricas más comúnmente empleadas en esos países. Dos buenos recursos son el sitio Web de *Amerispeak* (www.rootsweb.com/~genepool/amerispeak. htm), el cual explica muchas expresiones idiomáticas estadounidenses, y el diccionario de jerga en el Reino Unido (www.peevish.co.uk/slang), que hace lo mismo con frases británicas que pueden ser causantes de confusión.

Cómo mejorar su acervo transcultural

Comprender las fuerzas que forman las creencias, comportamiento y parcialidades de otras culturas puede ayudarle a evitar sorpresas y malos entendidos en situaciones de servicio transcultural. Aquí hay algunas prácticas culturales y creencias halladas alrededor del mundo que pueden diferir de las suyas:

• *Poca tolerancia a la incertidumbre.* Los clientes de países tales como Japón, China, partes de América Latina, Alemania y Grecia tienden a sentirse menos cómodos con la ambigüedad que los estadounidenses. El profesor holandés e investigador cultural Geert Hofstede denomina a este fenómeno *evasión de incertidumbre*, y lo define como «el grado hasta el cual miembros de una cultura se sienten amenazados por situaciones inciertas o desconocidas».

Los clientes de estas culturas frecuentemente se esfuerzan por eliminar la incertidumbre y esperan verdades absolutas. En situaciones de servicio, sea consciente de que estos clientes prefieren instrucciones muy detalladas en lugar de pautas generales, particularmente en situaciones de solución de problemas. En caso de duda, no suponga, sino pregunte al cliente cuál de estas dos alternativas prefiere.

• *Culturas de alto contexto y bajo contexto.* Las culturas de alto contexto dependen más de las comunicaciones no verbales o indirectas para transmitir sus ideas. En países de alto contexto, tales como México y Japón, las expresiones faciales o el lenguaje corporal frecuentemente tienen más valor que las palabras mismas. En culturas de bajo contexto tales como Estados Unidos, Australia y Alemania, la mejor y más fiable forma de comunicarse usualmente se considera como la palabra hablada.

• *La personalización no es una necesidad universal.* Como miembros de una sociedad altamente individualista, los clientes estadounidenses prefieren sentirse como especiales, y a los trabajadores de servicio en Estados Unidos frecuentemente se les enseña a «personalizar» las interacciones empleando el nombre del cliente, tomando nota de preferencias de compras anteriores o fomentando pedidos especiales.

Pero este deseo de sentirse singular no es universal, especialmente en las culturas «colectivistas» o más orientadas a los grupos. En un estudio detallado en la revista *The Journal of Marketing Theory and Practice* [Diario de teoría y práctica de mercadeo], la investigadora Kathryn Winsted examinó las expectativas de servicio de clientes en Japón y en Estados Unidos en situaciones con médicos y en restaurantes. Entre las diferencias más marcadas que halló estaban el papel que el servicio personalizado desempeñaba en la satisfacción del cliente. Un miembro de un grupo de estudio japonés expresó sorpresa, por ejemplo, porque cuando tuvo que ir al hospital por ambulancia en Estados Unidos, los técnicos de emergencia la llamaban por su primer nombre durante todo el viaje. Todos los participantes del grupo de sondeo concordaron en decir que eso nunca sucedería en Japón; en una cultura orientada hacia el grupo como esa, personalizar el servicio para un individuo se consideraría como una afrenta a otro.

• *El tiempo no es dinero en todas partes del planeta.* Si bien los clientes de Estados Unidos, Inglaterra o Alemania tendrían poca paciencia para las conversaciones informales durante un encuentro de servicio, muchos en Italia, Francia o el Oriente Medio se sentirían más bien ofendidos si no tienen una conversación para conocerse antes de entrar en materia de negocios.

Lea las pistas que da el cliente con cuidado y ajuste su enfoque basándose en lo que ve, escucha o siente. Continúe la discusión sobre el estado del tiempo hasta que el cliente inicie la parte comercial de la interacción. Si les toma un tiempo excesivo llegar al meollo del asunto, sencillamente diga: «Es agradable conversar, ahora, ¿en qué puedo servirle?»

> La cultura es más frecuentemente una fuente de conflicto que de sinergia. Las diferencias culturales en el mejor de los casos son una molestia y en el peor, un desastre.
>
> —Dr. Geert Hofstede

21

La brecha de generaciones: Cómo servir a clientes de edades diversas

Poco me importa lo amigables que sean, o si me dicen «Señor». Sencillamente arreglen mi problema la primera vez y olvídense de adularme.

—Cliente de treintitantos años, oído en su hora de almuerzo cuando hablaba de un problema de computadoras

Para celebrar su aniversario de bodas, una pareja sexagenaria de la parte central de Estados Unidos escogió ir a un restaurante nuevo y popular de su pequeña ciudad para cenar. Al sentarse a la mesa, fueron recibidos con un saludo cálido por parte de su mesera, quien les felicitó por su aniversario y pareció poner un tono apropiado para esa noche especial.

Pero luego le entregó a cada uno una copia del menú, acercó una silla y se sentó en ella, y procedió a repasar el menú y los platos especiales del día. Si bien algunos clientes podrían haberse sentido conmovidos por ese gesto, esa pareja se incomodó y hasta se disgustó un tanto. A su manera de pensar, el tono casual y de tú a tú resultaba

irrespetuoso. Después de todo, ellos no habían invitado a la mesera a sentarse y, por muy buenas intenciones que tuviera, esa acción violó un límite tácito entre el personal de servicio y el cliente.

La capacidad de «entrar en la mente» de sus clientes es esencial para entregar un servicio memorable, y lo es aun más cuando se atienden a clientes que pertenecen a una generación diferente. Sean estos parte de la era de la Segunda Guerra Mundial, de los «baby boomers», de la generación X, de los mileniales, o de la próxima generación que reciba un apodo, cada grupo cronológico tiene su propia definición de lo que es el buen servicio. Una pareja de veintitantos años, por ejemplo, podría haber recibido con gusto y hasta sentirse entretenida por la actitud ligera de aquella mesera y por su intento de darle un toque personal a la experiencia de la cena de aniversario. Pero para los de una generación mayor, la falta de formalidad y de deferencia hacia los roles causó incomodidad y fue poco apropiada.

Cómo servir al crisol de generaciones

Para asegurarse que los clientes de diversas edades y épocas reciban servicio «a su manera», se empieza por comprender las características, actitudes y eventos impactantes que los definen. Para ayudarle con esa tarea, hemos creado perfiles de cuatro segmentos generacionales diferentes y hemos relacionado algunas de las preferencias de servicio de cada grupo. Estas preferencias y aversiones se designan como pautas generales, no como reglas inflexibles. Como con todo en la vida, habrá excepciones para cada regla, así que permanezca flexible y adapte su estilo según las variaciones que perciba en cada generación.

Estos perfiles reflejan más de una década de nuestras propias investigaciones y las conclusiones de Claire Raines, una de las expertas principales de la nación sobre las generaciones (www.generationsatwork. com), con quien colaboramos en el libro *Generations at Work* ([Desafío generacional], AMACOM, 2000).

Los *veteranos* son los clientes nacidos entre 1922 y 1943, o justo antes de la Segunda Guerra Mundial. Estos son sus clientes que tienen entre sesenta y ochenta años de edad.

Algunas de las características que definen a los veteranos son:

- Deseo de constancia, conformidad y estabilidad.
- Estilo directo de comunicaciones.
- Prefieren las discusiones y enfoques lógicos y pragmáticos en lugar de ser impulsados por sus emociones.
- Tienden a ser clientes leales, particularmente cuando se trata de productos o servicios hechos en Estados Unidos.

Sugerencias para atender a veteranos:

• *No apresure las cosas.* A los veteranos no les gusta que los presionen para tomar alguna decisión ni sentir que las transacciones están avanzando demasiado rápidamente. Siempre que sea posible, utilice un ritmo relajado que les permita considerar las opciones y sentirse a gusto con los resultados.

• *Establezca una conexión por medio del respeto a la antigua.* Eso significa decir «por favor», «gracias», «señor» y «señora» más de lo que lo haría con miembros de otras generaciones.

• *Sea formal.* Los veteranos frecuentemente se sienten incómodos si hay una camaradería excesiva o un enfoque sumamente casual en situaciones de servicio. Busque guardar una «distancia» respetuosa hasta que se le invite a comportarse de otra manera.

Los *baby boomers* nacieron entre 1943 y 1960, lo cual los convierte en una de las generaciones más populosas de la historia de Estados Unidos. Estos componen la mayoría de sus clientes de edad mediana, de los cuarenta hasta sesenta y tantos años.

Estas son algunas de las características que definen a los *baby boomers*:

- Tienden a ser optimistas; ven al mundo en términos de posibilidades infinitas.
- Sentido fuerte de individualidad; muchos de ellos están acostumbrados a ser el foco de atención.
- Aprecian el tratamiento personalizado.
- Son partidarios de la colaboración y cooperación con otros para lograr metas.

Sugerencias para atender a los baby boomers:

• *Sea agradable, especialmente durante el saludo.* Aunque sus clientes baby boomers tal vez no tengan el deseo de «conversar» con usted, apreciarán el calor de un saludo cordial.

• *Si sabe el nombre del cliente, utilícelo.* Muchos miembros de los baby boomers prefieren ser «conocidos» y disfrutan de esta personalización. Pero no se pase de la raya; si usa los nombres con frecuencia excesiva, podrá parecer adulador o artificial.

• *Si se trata de clientes regulares, deles algo adicional de vez en cuando para reconocer su lealtad.* A la hora de decidir con quién hacer negocio, los baby boomers frecuentemente buscan a organizaciones cuyos empleados no sólo son competentes o eficientes, sino que parecen interesarse por los clientes y ven el servicio al cliente como su vocación. Los gestos pequeños que muestran que siente interés por ellos pueden ser muy perdurables.

Los miembros de la *Generación X*, nacidos entre 1960 y 1980, son los de la generación que está entre los veintitantos y cuarentitantos años, frecuentemente difamados (a menudo injustamente).

Algunas de las características de los miembros de la Generación X:

- Son conocedores de la tecnología, ingeniosos y emprendedores.
- Tienden a ser escépticos, del tipo que dice «pruébemelo».
- Dependen de sí mismos y son independientes. Muchos tienen una mentalidad de «superviviente» y enfrentan mejor los cambios que otras generaciones.
- Tienen necesidad fuerte de flexibilidad y comentarios, junto con una aversión por la supervisión cercana.

Sugerencias para atender a miembros de la Generación X:

• *Sea eficiente y directo.* La competencia es mucho más importante para los de la Generación X que tener una actitud positiva o alegre. Para ellos, una devolución de dinero malhumorada casi siempre es mejor a que les digan «lo lamento, no aceptamos esa devolución» con una sonrisa.

• *Prepárese para responder a preguntas.* Los miembros de la Generación X son curiosos y prefieren aclarar todos los detalles, así que asegúrese de conocer su materia y de poder citar datos y cifras fidedignos acerca de sus productos o servicios, si se los piden.

• *No sobrevenda los productos o soluciones.* Los de la Generación X tienen «detectores de basura» bien afinados y son sensibles a todo lo que huela a pura venta agresiva o artimañas publicitarias. De ser posible, mencione ejemplos específicos que indiquen cómo sus productos o servicios han ayudado a clientes a resolver problemas o cite investigaciones independientes que comparen a su organización favorablemente contra la competencia.

Los *meniales* son los nacidos entre 1980 y 2000. Este grupo también se les conoce como los *echo boomers*, la Generación Y o los *Nexters*.

Entre las características que definen a los meniales tenemos:

• Son sociables, optimistas pero prácticos, tolerantes de las diferencias individuales. En general, no son tan sarcásticos como los de la Generación X y tienen más confianza en la autoridad.
• Están orientados hacia los logros y las metas. Creen en el trabajo duro y el sacrificio del placer personal por el bien común.
• Gracias a tener padres dedicados, están entre las generaciones más inteligentes y saludables del planeta. Muchos han sido bien cuidados desde que eran infantes.
• Es la primera generación en haberse criado en la era de los medios digitales.

Sugerencias para atender a los meniales:

• *Sea respetuoso.* A nadie le gusta que les hablen de modo condescendiente sólo porque es joven. Esté atento a un tono condescendiente o a manifestar el sentido común como «sabiduría de un experto». Los meniales quieren sentirse como iguales.

• *Utilice un ritmo acelerado.* Los mileniales están acostumbrados a que sus necesidades sean satisfechas «ayer» y frecuentemente estiman que las personas o procesos excesivamente deliberados son exigentes.

• *Haga el esfuerzo por no confundirlos con miembros de la Generación X.* Aunque la mayoría de los miembros de una generación prefiere que no los confundan con otra, a los mileniales en particular les irrita que los junten con los de la X, pues los estiman como demasiado tensos o cínicos para su gusto.

Hoja de trabajo de servicio generacional

Responder a las preguntas siguientes puede ayudarle a entregar un servicio más eficaz a las diferentes generaciones dentro de su propia organización:

- ¿A cuál o cuáles generaciones pertenecen la mayoría de sus clientes?
- Cuando de atención al cliente se trata, ¿cómo piensa que la mayoría de ellos prefiere que los traten?
- ¿Cuáles son tres cosas específicas que puede hacer para mejorar el servicio para su grupo generacional mayor (más numeroso)?
- ¿Existe otra generación en la que le gustaría enfocarse para mejorar su servicio? ¿Cómo podría realzar o modificar el servicio que ofrece para apelar más a este grupo?

Las tendencias forjadas por diferencias generacionales están causando trastornos en los negocios, creando nuevas categorías de trabajo a gran velocidad y haciendo que las categorías antiguas se encojan y desaparezcan.

Yankelovich Partners

III

Servicio fuera de serie uniforme

¿Esto no funciona?

Entregar un servicio fuera de serie significa asegurar que no importa con quién entren en contacto sus clientes en su organización, y no importa cuántos de sus compañeros de trabajo desempeñen un papel en atender a sus necesidades, se sentirán servidos por una empresa donde todos «reman a una» en busca de satisfacerles.

Este tipo de servicio «uniforme» requiere comprender cómo su trabajo encaja en el cuadro grande de la experiencia del cliente, y saber que si las cosas salen mal en su propio eslabón de la cadena, esto puede tener consecuencias dramáticas en la lealtad del cliente. Significa servir a sus socios internos, aquellos compañeros de trabajo que dependen de que usted trabaje de modo oportuno y competente para poder completar sus propios trabajos, con la misma diligencia y cuidado que el que ofrece a los clientes externos.

Cuando el servicio uniforme existe, el problema o solicitud de un cliente se convierte en la responsabilidad de cualquiera que forme parte de la organización con quien el cliente tenga contacto.

22

Los compañeros de trabajo como socios: Cómo comunicarse entre departamentos

¿Dónde va mi trabajo?
¿Para quién es importante mi trabajo?

—Dun & Bradstreet

A todos nos ha sucedido. Un cliente llama al número de la empresa, pero no está seguro de con quién debe hablar, pulsa un botón y repentinamente queda conectado con usted, aunque en realidad necesita hablar con Braulio de facturación, cuya oficina está en otro estado. Tal vez está trabajando en el almacén de una tienda inmensa de mejoras para el hogar y un cliente persistente se le acerca cuando está en medio de atender a otro, pidiéndole que le ayude a encontrar una lámpara que se encuentra del otro lado de la tienda. O tal vez está sudando sangre al tratar de cumplir con una fecha de entrega de un proyecto, cuando un agente de ventas irrumpe en su cubículo con la respiración entrecortada y le implora que le dé copias de las cifras de ventas del primer trimestre para incluirlas en una presentación ante un cliente que se realizará mañana.

117

Ya sea que la causa se deba a compañeros de trabajo o clientes caprichosos, es fácil estimar estas solicitudes como interrupciones a su trabajo de verdad o como responsabilidades que caen fuera de sus tareas normales. Pero la realidad es que cuando la satisfacción del cliente está en juego, cuando existe una oportunidad clara de dar servicio fuera de serie a alguien, es importante hacer lo necesario en el momento para asegurarse que los clientes o compañeros de trabajo queden satisfechos.

No importa si se encuentran en un cubículo en el mismo pasillo, del otro lado de la ciudad, o en otro estado o país, si dependen de usted y del trabajo que desempeña para completar su propio trabajo, es tan importante atender las necesidades de sus compañeros de trabajo como lo es servir a las necesidades de los clientes. Cuando ayuda a sus compañeros de trabajo, ayuda a que la organización y sus clientes salgan adelante.

Por supuesto que no estamos diciendo que debe dejar de hacer todo por ayudar a compañeros que le pidan cosas frívolas o poco razonables de modo constante. Necesita poder distinguir entre las peticiones y tareas esenciales y las no esenciales, para asignarle una prioridad mayor y enfoque a las primeras. Tampoco estamos diciendo que haga el trabajo que corresponde a otra persona, ni que asuma un papel servil ante sus colegas.

El término *cliente interno* frecuentemente se utiliza para describir las relaciones con los compañeros de trabajo, pero opinamos que es más apropiado estimarlos como *socios*. Nuestro colega, Chip Bell, fundador del Chip Bell Group de Dallas, Texas, dice que la palabra «cliente» implica cierta deferencia hacia la otra persona, mientras que «socio» habla de igualdad. Cuando uno es cliente de alguien, esto sugiere, justa o injustamente, que una de las dos partes está a cargo y que la otra está en posición un tanto inferior.

«Servir a los clientes sugiere que sus necesidades tienen precedencia sobre las nuestras», dice Bell. «Si bien una actitud de servicio es esencial para todo tipo de relaciones, puede ayudar a evitar pugnas por el poder si los colegas se visualizan como socios iguales en lugar de clientes».

Conozca su organigrama

Para ayudar a los clientes con peticiones o problemas que van más allá de su área de conocimientos, o para ayudar a aquellas almas perdidas que inadvertidamente quedaron en sus manos, necesita estudiar el organigrama de su empresa. Para un cliente, no hay nada peor que llamar al número de una empresa porque tiene un problema frustrante, ser puesto en espera y que cuando finalmente habla con una persona real, descubre que ese individuo no puede ayudarle y tampoco sabe a quién referirlo en la empresa para que le ayude.

Conozca a quién acudir en su organización. Dedique tiempo a informarse de las diferentes responsabilidades y habilidades de personas en aquellos departamentos a los que tal vez tenga que llamar para pedir ayuda o para transferirle a algún cliente. Recuerde que el servicio fuera de serie casi siempre es un esfuerzo de equipo.

Crear una experiencia uniforme de servicio para los clientes también depende de que comprenda su propio lugar en el «ciclo del servicio». En otras palabras, ¿sabe quién en su organización depende de que usted cumpla su trabajo de modo oportuno y competente? ¿Sabe lo que sucede con su trabajo una vez que sale de su computadora, cubículo o departamento? En Dun & Bradstreet, la empresa gigante de gestión de datos e investigación, se exige a todos los empleados que respondan a dos preguntas para que identifiquen a sus socios internos clave, no importa qué lugar ocupen en el organigrama de la empresa: *¿Dónde va mi trabajo? ¿Para quién es importante mi trabajo?*

Por ejemplo, si usted acepta los pedidos de clientes en un centro de llamadas, ¿dónde envía esos pedidos? ¿Qué sucede si hace falta información esencial de esos pedidos, o si dicha información se introduce incorrectamente? Sus socios internos en el almacén, facturación o despacho serán los que tendrán que tratar con clientes iracundos cuando no se reciban los pedidos a tiempo, o los nombres tengan un error de ortografía, o los paquetes se envíen a la dirección incorrecta.

Deleitar a los clientes depende frecuentemente de la capacidad que tengan los empleados de departamentos diferentes de poner a un lado las diferencias y trabajar mano a mano para cumplir metas de calidad o de servicio. En el negocio de las líneas aéreas, los trabajadores de mantenimiento hacen posible que el personal de tierra y los pilotos vuelen a tiempo, y el personal de alimentos mantiene a los aviones abastecidos con comida y bebida para que los auxiliares de vuelo tengan a pasajeros alimentados y cómodos. Si se descompone alguno de esos sistemas de servicio, si alguien no cumple con una fecha de entrega o hace mal un trabajo, los clientes externos pagarán el precio de ello.

> **SUGERENCIA:** Una vez que haya identificado a sus socios internos clave, hable con ellos acerca de lo que les gusta y lo que no del servicio que les brinda. Utilice sus comentarios para mejorar la calidad del trabajo que hace.

Avanzando hacia un solo punto de atención

Habrá veces en las que hay que «pedir refuerzos» para resolver problemas o peticiones difíciles de algún cliente, situaciones en las que hay que transferir una llamada de un cliente a los expertos de la empresa, o devolver la llamada después de hacer cierta investigación. Pero su meta principal debe ser tratar de atender las necesidades del cliente en «un solo punto». Nada agrada a los clientes más que obtener respuesta a sus preguntas o solución a sus problemas con un solo contacto libre de molestias con la empresa.

La firma de investigaciones de servicio a clientes TARP con sede en Arlington, Virginia, descubrió que uno de los factores más importantes que afectaba la decisión de los clientes de seguir tratando con una empresa era «proporcionar una respuesta satisfactoria a preguntas o inquietudes en el primer contacto». A los clientes les desagrada tener que llamar por segunda o tercera vez para resolver sus problemas, y no les entusiasma que los estén enviando de un punto de contacto a otro dentro de la organización cuando buscan respuestas.

Sea incesante en sus esfuerzos por satisfacer las solicitudes de los clientes «en un solo punto». Busque ser como los representantes de servicio de QVC, el primer servicio de ventas por televisión del mundo, a quienes se les enseña que las llamadas se transfieren únicamente como último recurso. El lema de QVC es «una llamada, una persona», y los representantes de servicio reciben la capacitación y el apoyo necesarios para que esto suceda. «Lo último que queremos es que nuestros clientes tengan que volver a llamar a nuestros centros de servicio por un mismo problema», dice John Hunter, ejecutivo de servicio al cliente de QVC. «Nuestra meta es resolver problemas en la primera llamada el cien por ciento de veces».

Evitando el síndrome de «ese no es mi trabajo»

Brindar un servicio uniforme también tiene que ver con tomar la iniciativa para ayudar a los clientes aun cuando esa tarea parece caer fuera de los límites de su trabajo normal. Por ejemplo, nos enteramos de una agente de servicio al cliente de la Delta Airlines que estaba de turno en el aeropuerto de Cincinnati cuando se topó con una mujer que se sentía enferma. La mujer, que tenía dos hijos y hablaba poco inglés, necesitaba acudir a un hospital de inmediato. Algunos agentes de servicio se habrían limitado a señalarle a esta mujer dónde estaban los taxis o sencillamente excusarse por no conocer el idioma que hablaba, pero en lugar de ello, esta agente de Delta acompañó a la mujer y sus hijos al hospital. Cuando dieron de alta a la mujer, la agente llevó a estos pasajeros a su propia casa e hizo que pasaran ahí la noche. Al día siguiente los llevó al aeropuerto nuevamente y les ayudó a abordar su vuelo.

Aunque no se puede esperar que usted brinde este servicio «más allá del llamado del deber» todos los días, este ejemplo nos da una lección sobre dar la mano cuando hay otros padeciendo necesidad. Piense en cómo se ha sentido en ocasiones pasadas, por ejemplo, cuando ha acudido a un proveedor de servicio con un problema y le han respondido: «Quisiera poder ayudarle, pero ese no es mi trabajo», para luego hacer poco o nada por ayudarle a encontrar quién sí le puede ayudar en la organización.

Nada dice servicio fuera de serie para un cliente o compañero de trabajo como la disposición de incomodarse un poco y hacer ese esfuerzo adicional por satisfacer sus necesidades.

23

El servicio excepcional radica en los detalles

Son los pequeños detalles hechos luego de que el hombre promedio se daría por vencido los que forman la fama del maestro.

—Orison Swett Marden
Fundador de la revista *Success*

Luego de que le preguntaran cuál era la diferencia entre los edificios memorables y los prosaicos, el arquitecto suizo Mies van der Rohe respondió sencillamente: «Dios vive en los detalles, los detalles, los detalles». Lo que es cierto en la arquitectura de calidad también es cierto del servicio de calidad. Si presta atención a los detalles, a los detalles apropiados, los clientes lo sabrán, lo notarán y regresarán por más.

Todo cuenta

Los detalles nos rodean, no importa el tipo de trabajo que desempeñemos. Es cómo nos vemos y cómo se ve nuestro sitio de trabajo. Es cómo hablamos y lo que decimos. Son todas esas pequeñas cortesías adicionales y comodidades que incorporamos a la experiencia de servicio, o la multitud de molestias persistentes que perdemos de vista y que nuestros clientes tienen que atravesar para tratar con nosotros.

La atención a los detalles es una característica principal de las organizaciones de alto rendimiento. Los miembros del elenco de Walt Disney World tienen una pasión por los detalles que hace que los clientes levanten la mirada y se percaten de ello. Una amiga nuestra habla maravillas de Shirley, la ama de llaves que conoció durante un reciente viaje de vacaciones a Walt Disney World.

«El primer día, cuando nos inscribimos, vi la nota que decía: "Su habitación fue limpiada por Shirley. Tenga una magnífica estadía". Observé que el punto de la "i" en la palabra Shirley era un Mickey miniatura. Era algo cómico, pero después de todo, estábamos en Disney. Al tercer día, Shirley realmente me dejó asombrada. Le había dejado una nota pidiendo más toallas. Cuando llegamos a la habitación, había un letrero de "No molestar" colocado en la puerta del baño. Dentro, Shirley había tomado nuestro periódico y las gafas que yo había dejado junto al lavamanos y los había acomodado junto con las toallas adicionales en la forma de un hombre sentado en el inodoro y leyendo el periódico. Me reí tan fuerte. ¡Creo que nunca olvidaré eso!»

Un número cada vez mayor de administradores y ejecutivos de hoy comprenden que el ejemplo que dan fija un tono positivo para sus organizaciones. Por ejemplo:

- Fred Smith, fundador y director de la junta ejecutiva de FedEx, inicia muchas de sus visitas a instalaciones de FedEx en ciudades retiradas subiéndose a un camión de entrega y saliendo a la calle con uno de sus transportistas.
- Bill Marriott, Jr., presidente y director de la junta ejecutiva de Marriott International, frecuentemente toma un turno en el escritorio de inscripciones del hotel, atendiendo a huéspedes, también vacía los ceniceros del vestíbulo y recoge basura en el estacionamiento.
- Y no hay administrador en Walt Disney World o Disneylandia que no recoja, arregle y atienda personalmente los mil y

un detalles que crean una experiencia sin paralelo para sus clientes.

Estos ejecutivos son un modelo de la atención a los detalles para sus empleados, tal como usted lo es para sus clientes y compañeros de trabajo.

Los momentos de la verdad

La atención a los detalles es más que jugar a ser conserje o serlo. Es la forma en la cual recuerda, y les recuerda a los demás, que el contacto con cualquier aspecto de su grupo de trabajo da a los clientes la oportunidad de formar o modificar sus impresiones, sean estas positivas o negativas. Denominamos estas oportunidades como momentos de la verdad.

Un momento de la verdad ocurre cada vez que un cliente entra en contacto con alguna parte de su organización y emplea dicho contacto para evaluar la calidad de la organización.

Cualquier cosa puede tornarse en un momento de la verdad para sus clientes: el aspecto de la tienda, edificio o estacionamiento; las promesas hechas en los anuncios publicitarios; las veces que suena el teléfono antes de ser contestado; cómo se atienden las llamadas; su sensibilidad a un problema que tenga el cliente; la correspondencia escrita y las cuentas... además de los contactos personales memorables que sus clientes tienen con usted.

Gestión de los momentos de la verdad

Cuando usted empezó a trabajar en su empleo actual, la orientación y capacitación que recibió probablemente se enfocó en los momentos de la verdad principales que vienen con su posición. Si ha formado parte de la empresa por mucho tiempo, probablemente ha aprendido a reconocer muchos más momentos de la verdad que son importantes para sus clientes. Para entregar un verdadero servicio fuera de serie, hay que gestionar todos y cada uno de los momentos de la verdad de modo individual.

> **SUGERENCIA:** La forma en la que gestiona los momentos de la verdad determina las evaluaciones que los clientes le darán en sus informes de calificaciones mentales. Gestione los momentos bien, y recibirá calificaciones de A y B, y se ganará a un cliente que vuelve. Gestiónelos deficientemente, y recibirá calificaciones de D y F, y perderá a un cliente como resultado. Labore por obtener buenas calificaciones en esta escuela en particular y hallará que su diploma acarrea un valor monetario.

Con el paso del tiempo, es fácil pensar que ha dominado todos los diversos momentos de la verdad que los clientes pudieran presentarle. ¡No lo crea! No importa su nivel de experiencia y pericia, siempre podrá contar con que sus clientes vendrán con algo nuevo. Eso se debe al hecho de que los clientes pueden convertir casi cualquier cosa en un momento de la verdad.

Para realmente dominar los momentos de la verdad en el servicio que ofrece, desarrolle estos tres hábitos enfocados en clientes:

1. *Nunca deje de aprender.* Los detalles que son importantes para sus clientes cambian de un día a otro, al igual que de un cliente a otro. Una vez podría ser la velocidad de respuesta lo que les preocupa, otra, asegurarse que la información que les brinda haya sido exhaustivamente investigada, esté completa y sea precisa. Siempre se puede saber más.

2. *Pregunte a sus clientes.* La única forma confiable de identificar los momentos de la verdad particulares y peculiares de sus clientes es pedirles a ellos que se los describan.

3. *Pregunte en su empresa.* Además de efectuar sus observaciones informales y cotidianas de las preferencias de sus clientes, su empresa probablemente desarrolla encuestas y estudios continuos. Asegúrese de saber lo que los investigadores saben que ayudaría a servir mejor a sus clientes.

Los detalles de su mundo

Escriba una lista de varios de los detalles clave que forman el trabajo que desempeña cada día para los clientes. Luego escriba una lista de una o dos cosas que, si las cambiara, influirían más en la percepción que tienen sus clientes del trabajo que hace, esas pequeñas mejoras o ese «pequeño esfuerzo adicional» que les haría menos susceptibles a la fuerza de atracción de la competencia y más leales a su organización.

Recuerde que no son los tigres ni los osos los que ahuyentan a sus clientes. Lo que más molesta al cliente son los mosquitos y las pulgas; las cosas pequeñas.

> Comprométase a llevar a cabo un acto de diez minutos de servicio excepcional al cliente por día y a inducir a sus colegas a hacer lo mismo. En una empresa de 100 personas, tomando en cuenta las vacaciones normales, días feriados, etc., eso significaría 24,000 actos de cortesía nuevos por año. Ese es el tipo de cosas que forman una revolución.

—Tom Peters

24

Una buena venta es un buen servicio y el buen servicio es una buena venta

Nada sucede hasta que alguien vende algo.

—Axioma de mercadeo

Las ventas y el servicio no son funciones separadas. Son dos lados de una misma moneda. Aun si su título es representante de servicio al cliente y un compañero de trabajo es agente de ventas, los dos tienen la misma meta final de satisfacer al cliente. No siempre ha sido así. En épocas pasadas, el personal de ventas y el de servicio eran adversarios.

Los agentes de ventas y mercadeo veían a sus similares en servicio y operaciones como «esos que nunca quieren ayudarme a cerrar una venta y que la arruinan después de hecho el trato».

Por su lado, el personal de servicio y operaciones tendía a ver a los de ventas y mercadeo como «esos que visten de traje, hacen anuncios absurdos y promesas ridículas para cerrar una venta, y luego nos echan el lío a nosotros para arreglárnoslas con el cliente».

En el mundo de hoy, las ventas, mercadeo, servicio y operaciones comparten la meta común de crear y retener a los clientes.

Cuando las líneas se intersectan

Para crear y retener a los clientes, hay que combinar buenas ventas con buen servicio. Considere el caso de Edgar Tacaño III, el insatisfecho propietario de un destornillador eléctrico inalámbrico modelo 412-A Súper Útil. (Usted se percata de que está insatisfecho porque está moviendo el 412-A de un lado al otro, golpeándolo contra el escritorio y exigiendo que le devuelvan su dinero.)

Utilizando sus mejores técnicas de servicio fuera de serie (escuchar, hacer preguntas, resolver problemas), determina que el Sr. Tacaño está molesto porque al 412-A hay que recargarle las baterías con mucha frecuencia y no es muy potente. Pero también sabe que el 412-A fue diseñado para hacer reparaciones pequeñas en el hogar. No fue diseñado en absoluto para trabajos industriales y poderosos que el Sr. Tacaño está tratando de realizar. Por eso es que su empresa también vende el mucho más costoso Turbo Útil 412-C, el mejor destornillador eléctrico para uso profesional de la industria, y la herramienta perfecta para el trabajo que el Sr. Tacaño quiere realizar.

Un mejor servicio a la hora de la venta original *podría* haberle recomendado al Sr. Tacaño una herramienta más adecuada. ¿Pero qué puede hacer usted con la situación actual? Ajústese el gorro de pensador y considere cuál de las cuatro acciones posibles que se dan a continuación recomendaría:

> *Alternativa 1:* Decirle al Sr. Tacaño que si no hubiera sido tan mísero y hubiera comprado las herramientas apropiadas desde un principio, no estaría aquí ahora gritando hasta el borde de causarse un infarto.
>
> *Alternativa 2:* Explicar las limitaciones del 412-A y los beneficios del 412-C al Sr. Tacaño y recomendarle que compre el *mejor* modelo.
>
> *Alternativa 3:* Pedirle disculpas al Sr. Tacaño por los inconvenientes, explicar las diferencias entre los dos modelos y ofrecerle personalmente un canje y ofrecerle un modelo 412-C a precio descontado para compensar sus inconvenientes.

Alternativa 4: Pedir disculpas por la estupidez del agente de ventas, ofrecerle canjear el modelo 412-A antiguo y gastado por un modelo 412-C nuevo y reluciente sin costo adicional, y añadirle un juego gratis de las mejores puntas de destornillador de acero inoxidable *y* ofrecer lavarle el automóvil al Sr. Tacaño.

Elegimos la alternativa 3 como la mejor: demuestra atención, sensibilidad y buen sentido de ventas. No castiga injustamente al Sr. Tacaño por el error humano que sucedió durante la compra original, no importa si lo cometió él o la empresa. Tampoco le recompensa injustamente por su comportamiento discutidor y desagradable durante la devolución. La alternativa 2 es una respuesta de tipo estrecho y anticuado de los departamentos de servicio de manejo de quejas. Las alternativas 1 y 4 son las adecuadas para las empresas que contratan a personas para tratar con clientes específicamente con coeficientes intelectuales aproximadamente iguales al de su talla de calzado.

Cuando la venta no es un buen servicio

Existen tres situaciones en las cuales la venta no es un buen servicio:

1. *Cuando no hay alternativas.* Las necesidades del cliente no pueden ser satisfechas por ninguno de los productos o servicios que ofrece, sin importar lo bien que pueda resolver el problema, responder a la pregunta o explicar el producto o servicio actual.
2. *Cuando no hay transigencia.* Usted sabe cómo resolver el problema, pero el cliente ha venido iracundo, continúa iracundo y evidentemente quiere seguir iracundo. Existen muy pocas posibilidades de hacer que le pase la ira, mucho menos de convencerle que compre un modelo mejor o uno diferente.

3. *Cuando no hace diferencia.* Si cambiar a un producto mejor o añadir un accesorio resulta ilógico, fuera de relación o poco apropiado para la situación, por ejemplo, «¿Desearía pan con ajo con su capuchino esta mañana?», o: «Señora, este nuevo plan puede ahorrarle hasta sesenta dólares por mes en su cuenta telefónica» cuando la cuenta total que usualmente paga es de treinta y cinco dólares mensuales. Asegúrese de ofrecerles a los clientes algo que sea relevante y apropiado para su situación.

Cuando la venta es buen servicio

Existen cinco situaciones en las cuales vender es buen servicio.

1. *Cuando el producto o servicio que el cliente está usando no es el correcto, pero usted sabe cuál modelo, sistema o método se ajusta mejor a las necesidades del cliente y está en posición de obtenerlo para el cliente.* «Es difícil obtener las descargas rápidas que busca de archivos de fotografías o vídeos con su servicio de conexión a Internet por teléfono. Tal vez quisiera considerar cambiar al nuevo servicio de DSL que ofrecemos para obtener la velocidad y rendimiento que busca».

2. *Cuando el producto o servicio que el cliente adquirió de la empresa es el correcto, pero existe otra pieza, repuesto, programa o proceso que se necesita para que dicho producto funcione correctamente.* «Su sistema operativo es Windows 95. Nuestro software está diseñado para funcionar con el sistema operativo XP. Sé de una actualización que puede hacérsele a Windows 95 que podría resultar».

3. *Cuando el producto o servicio afectado está anticuado.* «Puedo enviarle un aparato nuevo y explicarle el proceso de reparación cuando lo reciba. También creo que sería buena idea considerar un modelo nuevo que realizaría ese trabajo mejor. El Láser XJ7 tiene circuitos mejorados y puede...»

4. *Cuando un accesorio adicional puede prevenir otros problemas.* «Veo que decidió no comprar la garantía extendida. Puesto que ha tenido dos problemas durante el período de garantía, me pregunto si tal vez desearía reconsiderar esa decisión».

5. *Cuando cambiar el cliente a un producto o servicio diferente se percibe como valor añadido o atención esmerada.* «Esta cuenta corriente requiere que mantenga un saldo mínimo bastante elevado. Eso fue lo que generó los recargos de servicio que le preocupan. Me gustaría recomendarle un plan diferente que creo que se ajusta mejor a sus necesidades y le ahorrará recargos en el futuro».

Si su etiqueta de identificación dice servicio al cliente, entonces servir al cliente es su trabajo de tiempo completo. Pero recuerde: Aun si ninguna parte de sus responsabilidades de trabajo siquiera sugiere algún tipo de ventas, usted forma parte del equipo de ventas y mercadeo. Su trabajo siempre abarca los dos aspectos.

En realidad, las ventas y el servicio son inseparables.

—Leonard Berry, David Bennett, Carter Brown
Service Quality (Servicio de calidad)

25

Nunca subestime el valor de un agradecimiento sincero

Gracias... Gracias, Gracias... ¡y Gracias!

—Fozzie Bear

¿Recuerda cuando tenía diez años de edad y para su cumpleaños quería un tren eléctrico o una muñeca Barbie especial? Y en lugar de eso, su abuela le regaló ropa interior. Y su madre y su padre le miraron y le pellizcaron el brazo. «Ahora, ¿qué se dice?», indicaron. «Gracias, abuela», respondió. Y su abuela sonrió ampliamente y le dio palmaditas en la cabeza.

Decir gracias es tan importante hoy como lo fue cuando sus padres se esforzaron tanto por meterle esa idea en la cabeza. En su trabajo, es necesario que manifieste agradecimiento a sus clientes todos los días. Necesita valorar sinceramente el don del comercio que le traen, aun si no resulta ser tan emocionante como un tren eléctrico o una muñeca Barbie.

Nueve ocasiones en las cuales debe agradecer a sus clientes

1. *Cuando hacen negocios con usted... todo el tiempo.* Vale la pena repetirlo: Los clientes tienen alternativas cada vez que necesitan un servicio o producto. Son pocas las barreras que les impiden llevarse el negocio a la competencia de su organización. Es fácil tomar a la ligera a los clientes que llegan fielmente. No haga eso. Agradézcales que hayan escogido tratar con usted.

2. *Cuando le dan un cumplido (o a su empresa).* Los cumplidos pueden causar algo de bochorno, pero negarle la importancia a un elogio sincero de los clientes dice: «No sea tonto, no soy así de bueno». En lugar de hacer eso, acéptelo con gentileza, diga: «Gracias» y luego añada: «Aprecio mucho que me permita servirle».

3. *Cuando ofrecen comentarios o sugerencias.* Agradecer a los clientes sus comentarios les confirma que ha escuchado lo que tenían que decir y que valora su opinión. Algo tan sencillo como: «¡Gracias por tomarse el tiempo de decirme eso! Realmente nos ayuda a saber dónde podemos mejorar», puede hacer maravillas.

4. *Cuando prueban un producto o servicio nuevo.* Probar algo nuevo puede ser incómodo y arriesgado. Después de todo, lo viejo y conocido es, pues, viejo y conocido. Agradézcales a los clientes por atreverse a probar algo diferente.

5. *Cuando le recomiendan a un amigo.* Cuando los clientes le recomiendan, se ponen a sí mismos en juego. Si usted cumple, ellos quedan bien. Si no... Una nota de agradecimiento por la recomendación, o algún símbolo con valor la próxima vez que se encuentre con esos clientes en persona dice que valora su recomendación.

6. *Cuando son pacientes... y cuando no lo son.* Ya sea que se lo manifiesten (¡y algunos sí que lo manifiestan!) o no, a nadie le gusta esperar. Agradecer a los clientes su paciencia dice

que tomó nota de ello y que valora su tiempo. También es una de las maneras más rápidas de calmar a los clientes que han tenido un tiempo prolongado de espera y que no están contentos por ello.

7. *Cuando le ayudan a que les sirva mejor.* Algunos clientes siempre están preparados. Tienen sus números de cuenta a la mano, siempre traen los formularios correctos y tomaron apuntes en la última llamada de servicio que recibieron. Ellos le facilitan la vida; agradézcales por ello.

8. *Cuando le presentan una queja.* ¿Agradecerles por las quejas? ¡Absolutamente sí! Los clientes que le dicen por qué están insatisfechos le están dando una segunda oportunidad. Y eso es un gran regalo. Ahora tiene la oportunidad de ganarse su lealtad renovada, lo cual le dará más oportunidades para agradecerles en el futuro.

9. *Cuando le hacen sonreír.* Una sonrisa es uno de los mejores regalos que uno puede recibir. Decir gracias sencillamente hace que todo sea mejor.

Tres formas de decir gracias

1. *Verbalmente.* Dígalo luego de cada encuentro, y dígalo con sentimiento. La frase: «Gracias por comprar en nuestra tienda; ¿quién sigue?», dicha como un tren de carga que pasa velozmente, no impresiona al cliente. Que sus acciones de gracias sean afectuosas, agradables y personales.

2. *Por escrito.* Envíe una nota de seguimiento luego de una compra o visita. Personalícela. Los clientes detestan las cartas formato. Escriba una nota de agradecimiento en la parte inferior de una factura o cuenta. Aun las notas de agradecimiento por correo electrónico se aprecian, aunque no tanto como la expresión de gratitud escrita a mano.

3. *Con un obsequio.* Obsequie algo pequeño, como un cuaderno de apuntes, o un bolígrafo grabado con el nombre de su empresa. Eso ayuda a que el cliente recuerde el nombre de

su empresa. Para el cliente adecuado, una tarjeta electrónica enviada por correo electrónico funciona bien como nota de agradecimiento. Pero tenga sumo cuidado y sea exigente al momento de elegir, pues los gustos varían ampliamente. (Y recuerde que los sistemas cortafuegos de algunas empresas pueden eliminar su tarjeta electrónica antes de que llegue al destinatario.)

SUGERENCIA: Cerciórese de que el valor del obsequio corresponda con la naturaleza de la transacción comercial desarrollada. Algunos clientes perciben que un obsequio costoso puede ocultar un intento de comprar su lealtad, en lugar de ser un símbolo de aprecio. Además, en general, se considera como no apropiado enviar un obsequio tangible a un cliente de una entidad gubernamental, en toda circunstancia.

Cinco gratitudes frecuentemente olvidadas

1. *Agradezca a sus compañeros de trabajo.* Déles el mérito debido a los que le ayudan. Agradezca a los compañeros de trabajo que, por la forma en la cual demuestran su interés por los clientes, sirven como ejemplos para usted. Agradezca a sus compañeros que le permiten servir mejor a los clientes, debido a que constantemente realizan su trabajo con buena calidad y de forma oportuna para luego enviárselo a usted. Si hace esto cada vez que pueda delante de los clientes, les dice a estos que están tratando con un esfuerzo de equipo.

2. *Agradezca a su jefe.* Para asegurar que sus superiores le den el apoyo que necesita, hágales comentarios positivos cuando le ayudan a cumplir con su trabajo.

3. *Agradezca a personas en otros departamentos de la empresa.* Aunque tal vez usted es el que habla con los clientes, el personal de apoyo, los que laboran en el almacén, entrega de pedidos, facturación y otros departamentos, posibilitan

el servicio que usted entrega. Agradézcales de modo individual o como grupo.

4. *Agradezca a sus proveedores.* Sin su profesionalismo, los clientes no podrían recibir el servicio satisfactorio que puede proveer.

5. *¡Agradézcase a sí mismo!* Desempeña un trabajo difícil y exigente emocionalmente y se merece un reconocimiento. Dése el mérito merecido por el trabajo bien hecho. Y dése una recompensa especial por ello de vez en cuando.

SUGERENCIA: Las expresiones de gratitud más eficaces son inmediatas, específicas, sinceras y especiales.

La gratitud no sólo es la más grande de las virtudes, sino también la madre de todas las demás.

—Cicerón

IV

La faceta de solucionar problemas del servicio fuera de serie

Sólo le dije que sí.

Las cosas no siempre salen bien. Sencillamente es la ley del promedio. No importa cuánto se esfuerce por lograr la perfección, algunas veces cometerá errores. Algunas veces el cliente está equivocado. Y otras veces sencillamente le toca tratar con una persona difícil, que nunca está satisfecha y que prueba los límites de su paciencia y de su pericia.

Cuando las cosas salen mal, es hora de jugar su mejor carta: sus habilidades de resolver problemas como servicio fuera de serie. Ser capaz de resolver problemas, de rescatar la situación cuando parece ser más sombría, es un elemento clave de proporcionar un servicio excelente. Facilita su trabajo y hace que los negocios de su empresa funcionen de modo más uniforme. También es una forma magnífica para reparar relaciones con sus clientes y hacerles más leales aún.

26

Sea un reparador fantástico

Los clientes no esperan que sea perfecto. Sí esperan que resuelva las cosas cuando salen mal.

—Donald Porter
British Airways

Usted entra a una tienda de departamentos a comprar un reproductor de MP3 y descubre que se han agotado las existencias del modelo anunciado. Se siente desilusionado, hasta enojado. *¿Por qué lo anunciaron si no lo tienen?*, se pregunta. Un vendedor se percata de su disgusto visible. Tal vez es la expresión de su rostro, o el vapor que está saliéndole por los oídos.

Vendedor: ¿Puedo servirle en algo?

Usted (malhumorado): Lo dudo. Quería un reproductor de MP3 UsoFácil, ¡pero ustedes nunca tienen lo que anuncian!

Vendedor: Lo lamento. Vendimos más de lo que esperábamos antes de que saliera el anuncio, así que nos quedaban dos esta mañana. Pero *estamos* ofreciendo un cupón para obtener el mismo descuento cuando nos lleguen más unidades en unas cuatro semanas.

Usted: Oh, fabuloso. Cuatro semanas son dos semanas después del cumpleaños de mi hija. ¡Qué lindo!

Vendedor: Puedo ver que está desilusionado. Es frustrante cuando uno quiere algo y se entera que se nos agotó. Si me espera aquí por dos minutos, voy a consultar con el gerente. Creo que puedo ayudarle hoy. *(Dos minutos después:)* Le tengo buenas noticias. Puedo ofrecerle un modelo comparable de otro fabricante al mismo precio de promoción. De esa manera se puede llevar un reproductor de MP3 a casa hoy mismo.

Sonriente, y tal vez ligeramente sorprendido, usted sale de la tienda con un reproductor de MP3 nuevo, una estación de acoplamiento, un juego de altavoces externos, una suscripción a un servicio de descarga de música y un juego de baterías recargables.

El arte de recuperación del servicio

La palabra *recuperación* significa volver algo a lo normal, retornar algo a un punto de equilibrio o de buena salud. Eso es lo que el vendedor hizo con el comprador de aquel reproductor de MP3 que estaba disgustado. En el servicio, la recuperación empieza apenas usted reconoce que el cliente tiene un problema (y cuanto antes, mejor).

> **SUGERENCIA:** Los problemas existen cuando el cliente dice que existen: cada vez que el cliente está disgustado, decepcionado, enojado o desilusionado. Y lo que es una desilusión para un cliente puede no ser problema alguno para otro. No importa. Usted no puede desear (ni pedir) que el problema desaparezca porque se trata de algo por lo cual ningún individuo razonable se disgustaría, o porque no es su culpa, o no es culpa de su empresa, ni siquiera porque se deba a una equivocación del cliente. Si el cliente *piensa* que es un problema, es un problema.

Ser un reparador fantástico, un profesional de solución de problemas para un servicio fuera de serie, requiere tomar acciones consideradas y positivas que conduzcan a un cliente desencantado de regreso a un estado de satisfacción con su organización. Sanar los sentimientos lastimados de un cliente requiere ser sensible a sus necesidades, deseos y expectativas.

El proceso de recuperación del servicio

Una vez que se ha identificado un problema con algún cliente, se debe iniciar el proceso de recuperación del servicio. No siempre se necesitan los seis pasos que aquí se describen con todos los clientes. Utilice lo que sabe acerca de los productos y servicios de su empresa, y lo que descubra acerca del problema del cliente para personalizar sus acciones según la situación específica. Una misma talla no se ajusta a todos.

1. *Pida disculpas.* No importa de quién es la culpa. Los clientes buscan que alguien reconozca que ha ocurrido un problema y que se preocupen por el disgusto que sienten. Decir: «Lamento los inconvenientes que ha experimentado» no cuesta nada, pero sirve para comprar un barril lleno de perdón.
2. *Escuche con empatía.* Trate a sus clientes de modo que demuestre que usted se interesa por ellos y por su problema. Las personas tienen sentimientos y emociones. Quieren que el lado personal de la transacción se reconozca.
3. *Resuelva el problema de modo rápido y justo.* Una «solución justa» es aquella que se entrega con un sentido de atención profesional. Al final de todo, los clientes desean lo que esperaban recibir en primer lugar, y cuanto antes, mejor.
4. *Ofrezca algo en compensación.* No es raro que los clientes insatisfechos se sientan lastimados o marginados por una

falta en el servicio. Frecuentemente esperan que usted ofrezca un gesto con valor añadido que diga, de modo congruente con el problema: «Quiero compensarle por su inconveniente».

NOTA: Ofrecer una compensación no es requisito indispensable para una recuperación exitosa de todo problema con un servicio o producto. Por otro lado, la compensación es un factor crítico para la satisfacción cuando el cliente se siente «lastimado» por el problema con el servicio, cuando el cliente se siente como víctima, ha experimentado inconvenientes grandes, o de alguna manera ha sido perjudicado por el problema.

5. *Cumpla sus promesas.* La recuperación del servicio es necesaria porque el cliente piensa que se ha violado una promesa de servicio. El producto no llegó. Nadie devolvió una llamada, según le habían prometido. Durante el proceso de recuperación, frecuentemente tendrá que hacer promesas nuevas. Cuando las haga, sea realista en cuanto a lo que puede y no puede cumplir.

SUGERENCIA: Tome pasos de inmediato para resolver problemas. El sentido de urgencia que traiga a solucionar los problemas dice a los clientes que la recuperación es tan importante para usted (y para su organización) como es la venta inicial.

6. *Déle seguimiento.* Usted puede añadir un detalle agradable a la secuencia de recuperación dándole seguimiento unas cuantas horas, días o semanas después para asegurarse que las cosas realmente quedaron resueltas a satisfacción del cliente. Este tipo de seguimiento toma poco tiempo, pero tiene un impacto grande en la lealtad de los clientes, y puede ayudar a distinguirle de la competencia. No suponga que ha arreglado a la persona o el problema. Verifíquelo.

Cada episodio de problemas de servicio es diferente. Algunas veces le será necesario emplear los seis pasos de recuperación del servicio, otras veces sólo necesitará unos cuantos de ellos (figura 26-1). Cómo se usa el proceso de recuperación dependerá del estado emocional de su cliente y de los datos específicos de la situación individual. Sólo usted se encuentra en posición de evaluarla y actuar.

Buscando pleito

En lugar de enfocarnos en las cosas que salen mal, ¿no debiéramos invertir más energía en hacer las cosas bien desde el principio? Examinar la causa de los problemas de servicio es importante, pero ni los mejores procesos de planificación y de localización de fallas son capaces de vencer lo imprevisible de la naturaleza humana. Los problemas de servicio siempre sucederán, aun entre los planes mejor trazados. De hecho, aproximadamente un tercio de todos los problemas que los proveedores de servicio enfrentan son causados por sus clientes. El servicio, aun el servicio fuera de serie, involucra a seres humanos, y los seres humanos nunca son cien por ciento perfectos. Eso es cierto con respecto a sus clientes, y es cierto con respecto a usted. Los errores suceden. Todos lo sabemos. Aun cuando haga su trabajo bien y parezca satisfacer la necesidad del cliente, puede suceder un problema si no se satisfacen las expectativas.

No importa lo que suceda ni por qué, es mejor enfrentar los errores que ocasionalmente suceden de modo directo y eficaz, en lugar de ignorarlos con la esperanza de que desaparecerán, o atacarlos a medias esperando que se resuelvan.[*]

---

[*] Para más información sobre la recuperación del servicio, consulte *Knock Your Socks Off Service Recovery* [Recuperación del servicio fuera de serie] (Nueva York: AMACOM, 2000), por Ron Zemke y Chip R. Bell.

Figura 26-1

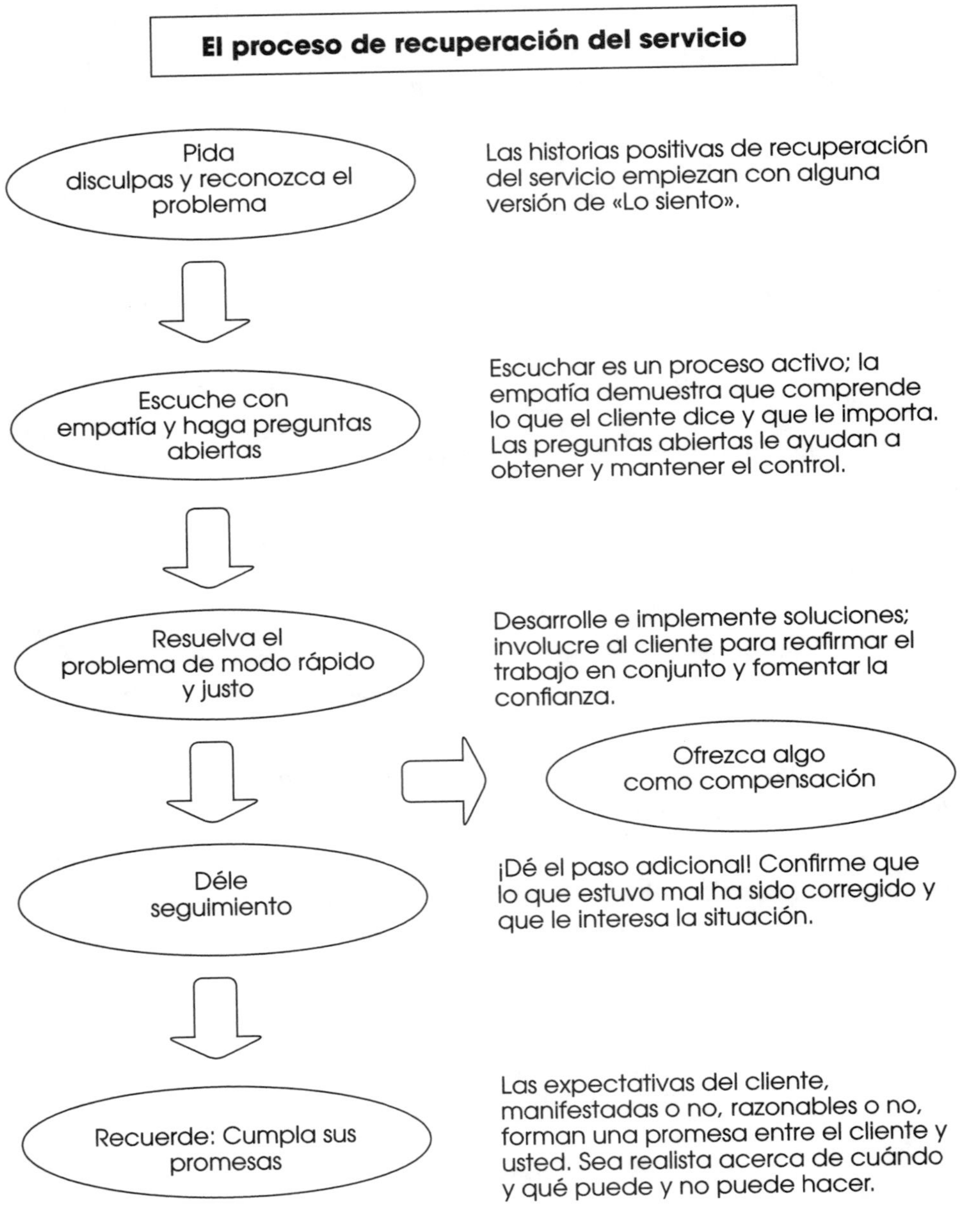

El proceso de recuperación del servicio

Pida
disculpas y reconozca el
problema

Las historias positivas de recuperación del servicio empiezan con alguna versión de «Lo siento».

Escuche con
empatía y haga preguntas
abiertas

Escuchar es un proceso activo; la empatía demuestra que comprende lo que el cliente dice y que le importa. Las preguntas abiertas le ayudan a obtener y mantener el control.

Resuelva el
problema de modo rápido
y justo

Desarrolle e implemente soluciones; involucre al cliente para reafirmar el trabajo en conjunto y fomentar la confianza.

Ofrezca algo
como compensación

Déle
seguimiento

¡Dé el paso adicional! Confirme que lo que estuvo mal ha sido corregido y que le interesa la situación.

Recuerde: Cumpla sus
promesas

Las expectativas del cliente, manifestadas o no, razonables o no, forman una promesa entre el cliente y usted. Sea realista acerca de cuándo y qué puede y no puede hacer.

Tres reglas para la recuperación del servicio

1. Haga las cosas bien de buenas a primeras.
2. Si algo falla, resuélvalo.
3. Recuerde: No hay terceras oportunidades.

—Dr. Leonard Berry
Investigador, Texas A&M University

27

Utilice un «Lo siento» bien colocado

Unas cuantas palabras de pesar son una forma de expresar que tiene interés, una demostración de sensibilidad a los bordes toscos de las emociones de otra persona.

—Robert Conklin
How To Get People to Do Things
(Cómo hacer que otros hagan cosas)

Las palabras son tan sencillas: «Lo siento». Sin embargo, las escuchamos con muy poca frecuencia. De hecho, nuestras investigaciones demuestran que cuando los clientes informan a una empresa acerca de un problema con un producto o servicio, menos de la mitad de las veces alguien les pide disculpas. Eso representa aproximadamente la mitad de las veces que deberían pedírselas. La solución a todo problema, mayor o menor, debe empezar con una disculpa sincera.

¿Por qué nos cuesta tanto decirle «Lo siento» a nuestros clientes? En primer lugar, esas palabras puede que nos intimiden. Podemos pensar que «Lo siento» en realidad significa «He fracasado», «No soy una buena persona», o «No soy profesional». Nada dista más de la verdad. Una disculpa sencillamente es reconocer que las cosas no están bien ante los ojos de su cliente.

Peligro legal

Hoy también existe la tendencia a igualar una disculpa con la admisión de responsabilidad personal o corporativa; que pedir disculpas significa que en alguna manera lo sucedido es culpa suya. Las demandas legales millonarias son historias que comúnmente escuchamos en los noticieros y programas de entretenimiento. Es comprensible que las empresas se preocupen de las consecuencias financieras potenciales que pudiera acarrear una disculpa y los individuos se resisten a aceptar la culpa personalmente.

Si su trabajo tiene aspectos legales o regulatorios, asegúrese de comprender cuáles son y cómo afectan lo que hace. Pero no suponga que no se le permite decir: «Siento mucho que haya tenido inconvenientes», cuando ocurre un error. En realidad, una disculpa sincera, ofrecida de forma oportuna y profesional, frecuentemente hace mucho por evitar los problemas legales potenciales. Cuando usted muestra su disposición de asegurarse que sus clientes reciban lo que esperaban recibir, les alivia de la necesidad de siquiera pensar en iniciar un pleito.

Peligro del cliente

Así como una disculpa no equivale a admitir responsabilidad («Lamento que le hayamos hecho tal cosa»), tampoco es una oportunidad de culpar a nadie («Lamento que *usted* no fuera lo bastante inteligente para leer las instrucciones antes de encenderlo y causar un cortocircuito»).

Todos sabemos que los clientes no siempre usan su sentido común ni las instrucciones meticulosamente detalladas que les damos. Algunas veces, por algún motivo, hacen las cosas mal con consecuencias previsiblemente desastrosas. Nos buscan para que lo resolvamos. Y puesto que a nadie le gusta reconocer sus errores, frecuentemente nos culpan a nosotros en el proceso.

SUGERENCIA: Una disculpa sincera es un reconocimiento personal y profesional de que el cliente ha quedado desilusionado o ha sufrido inconvenientes. Si decir las palabras «Lo siento» se siente como aceptar una parte demasiado grande de la culpa, considere decir: «Gracias por hacerme saber esto», en lugar de ello.

Buscando al chivo expiatorio

Cuando las cosas salen mal, existe el impulso casi instintivo de dirigir la atención del cliente a otra parte: «Si esos "genios" del departamento de computadoras averiguaran cómo hacer que este sistema funcione de la manera que se supone, no tendríamos que hacerle esperar tanto», o «Se suponía que el departamento de mantenimiento limpiara eso anoche, pero creo que estaban muy ocupados en su descanso, así que a usted le tocó toparse con ello».

SUGERENCIA: Usar a otra parte de su organización como chivo expiatorio por un problema de servicio sencillamente dice a los clientes que sus departamentos son independientes y trabajan de modo aislado y hasta como adversarios, en lugar de ser un equipo bien unido que trabaja para servirles. No lo haga; ni a los demás, ni a usted mismo.

Haga las cosas bien

Una disculpa vaga ofrecida de modo impersonal y mecánico puede ser peor que no ofrecer disculpas. Las disculpas eficaces son:

1. *Sinceras.* Aunque tal vez no sepa precisamente lo que los clientes sienten y experimentan a nivel individual, puede tener un interés genuino.
2. *Personales.* Las disculpas son mucho más poderosas cuando las ofrecemos en primera persona: «*Siento* mucho que esté experimentando un problema». Recuerde, para el cliente, usted es la empresa, no un «nosotros» o «ellos» misterioso.
3. *Oportunas.* No espere hasta averiguar por qué existe un problema o qué lo causó antes de expresar pesar porque el problema existe. Cuanto más pronto reaccione a un cliente afectado, mejor.

Creo que si es honesto y franco con los clientes, le tratarán como a un vecino cuando las circunstancias que escapan a su control le pongan en una situación de desventaja.

—Milton Moore
Gerente General, Vision Cable

28

Los axiomas de la recuperación del servicio

Los clientes con problemas tienen que pasar por un proceso de sanidad antes de poder avanzar. La meta es lograr que el cliente diga: «Realmente no me siento feliz con lo sucedido, pero no puedo agradecerle lo suficiente por el apoyo que me ha dado para pasar por ello».

—Leo Colborne
Vicepresidente, Global Tech Support,
EMC Corporation

Los clientes tienen expectativas en la recuperación, tal como las tienen para el servicio normal. Algunas de ellas son fáciles de adivinar: resuelva el problema, hágalo rápidamente y demuestre algo de empatía por mis inconvenientes. Otras expectativas de los clientes son menos obvias y más tenues.

El proceso de seis pasos presentado en el capítulo 26 reposa sobre cinco axiomas, cinco ideas básicas sobre la recuperación, que provienen de lo que los expertos nos han dicho que los clientes esperan de la recuperación del servicio y de nuestras propias investigaciones sobre este tema.

Axioma 1: Los clientes tienen expectativas específicas sobre la recuperación

Las investigaciones realizadas en la industria bancaria por Linda Cooper, de Cooper and Associates, con sede en Evanston, Illinois, hallaron diez expectativas de recuperación. Estas expectativas fácilmente podrían aplicarse a situaciones de recuperación del servicio en otras industrias (figura 28-1).

Figura 28-1

DIEZ EXPECTATIVAS PRINCIPALES DE LOS CLIENTES BANCARIOS
1. Que se devuelvan las llamadas cuando se promete hacerlo.
2. Recibir una explicación de cómo sucedió el problema.
3. Saber con quién comunicarse cuando hay un problema.
4. Recibir comunicación oportuna cuando se resuelve un problema.
5. Poder hablar con alguien que tenga autoridad.
6. Recibir indicación del tiempo que tomará resolver un problema.
7. Recibir alternativas útiles si un problema no puede resolverse.
8. Ser tratado como persona y no como un número de cuenta.
9. Recibir información sobre maneras en las cuales pueden evitarse problemas futuros.
10. Recibir informes de progreso si un problema no puede resolverse de inmediato.

Axioma 2: La recuperación exitosa es tanto psicológica como física: Repare a la persona y luego al problema

Como hemos dicho previamente, los clientes que experimentan problemas con su producto o servicio esperan que usted los resuelva. De igual importancia, pero menos fácil de ser manifestado por los clientes, es la necesidad de ser «reparado» psicológicamente. Con frecuencia, un cliente que ha tenido una mala experiencia con su empresa o producto pierde fe en su fiabilidad, su capacidad de cumplir lo prometido. El técnico de reparación que se dirige directamente a la copiadora o impresora, completa la tarea de reparación y calladamente se marcha a atender el siguiente problema podrá estar practicando un buen servicio técnico, pero no practica buena recuperación. El empleado que necesitaba utilizar la máquina averiada también necesita ser «reparado». Por lo menos, el técnico de servicio debe darle al cliente la oportunidad de descargar su frustración acumulada. Es parte del trabajo.

Es importante permitir que el cliente exprese sus ideas y asegurarles que todo estará bien, *antes* de zambullirse en la tarea de resolver el problema. La habilidad más importante para «reparación de clientes» que usted puede desarrollar es escuchar. Deje que el cliente cuente su historia, alivie su presión y le indique su punto de vista. Si añade unas disculpas sinceras a la fórmula, esto logra mucho para la creación de una reparación psicológica.

Axioma 3: Trabaje con un espíritu de colaboración

Nuestras investigaciones sugieren enfáticamente que los clientes que participan del esfuerzo por solucionar un problema se sienten más satisfechos con la solución. Sin embargo, hay límites y condiciones para ello. Cuando su empresa claramente ha causado el problema, pedirle al cliente que le diga qué le gustaría que hiciera le da al cliente un sentido de recuperación del control. Esa sensación de control recuperado puede ser vital para calmar a un cliente que siente que la organización le ha tratado injustamente o que ha abusado de él de alguna manera, o si tiene la percepción de que le han victimizado o tratado de modo desleal.

Cuando está claro que el cliente ha causado el problema, pedirle que haga algo para ayudar a resolverlo es apropiado y aumenta la probabilidad de que el cliente se sienta satisfecho con la solución. En ambos casos, la situación se torna en «nuestra» situación, una que creamos juntos y que nos pertenece a ambos, no «tu» solución, ni algo que usted ideó y que ahora busca imponérselo al cliente.

Un aspecto crítico para crear la sensación de colaboración es la manera en la que invita al cliente al proceso de solución de problemas. La pregunta: «Bueno, ¿y qué quiere usted que yo haga al respecto?», dicha de la manera incorrecta, puede interpretarse como echarle la responsabilidad de la recuperación del servicio de regreso al cliente. Resulta mejor preguntar: «¿Qué opina usted que *debiéramos* hacer para resolver el problema?»

¿Recuerda esas antiguas películas cuando un médico enviaba al padre a «hervir agua» como preparativo para el nacimiento de un bebé en casa? Usualmente esa tarea de hervir agua era una forma de quitar al padre del paso, mantenerlo ocupado y hacerlo sentirse como parte del proceso. Aun si lo único que el cliente puede realmente hacer, hablando metafóricamente, es hervir agua, ese esfuerzo tiene efectos paliativos.

La cliente del banco que olvidó endosar su cheque antes de depositarlo, y por ello causó una cadena de cheques rebotados por falta de fondos, se sentirá mejor en el esfuerzo de recuperación si forma parte de la solución del problema. Pedirle algo como: «Deme una lista de todas las personas a las cuales les ha girado cheques» o «llame a las personas a las cuales les ha girado cheques y pídales que los vuelvan a presentar para cobrarlos», le da al cliente la sensación de control psicológico.

Axioma 4: Los clientes tienen reacciones más fuertes a las fallas «injustas» que a las «equivocaciones sinceras»

La investigadora Kathleen Seiders,[*] de Babson College en Wellesley, Massachusetts, descubrió que: «Cuando los clientes estiman que se les ha tratado injustamente, sus reacciones tienden a ser inmediatas, emotivas y perdurables». En otras palabras, si el cliente percibe que le

---

[*] Kathleen Seiders y Leonard Berry, "Service Fairness: What It Is and Why It Matters", *Academy of Management Executive* 12(1990): pp. 8–20.

han estafado, manipulado de alguna manera, o que se le ha faltado el respeto intencionadamente, la reacción es acalorada y duradera.

Sólo queda una acción que puede efectuarse cuando el cliente siente que le han tratado injustamente: disculpas extremas y ofertas de compensación. Claro que es posible que los sentimientos del cliente sean resultado de un malentendido de algo dicho por usted o por un compañero de trabajo. Eso carece de importancia. Una vez que el

cliente siente que le han tratado injustamente, usted está tratando con un cliente en riesgo, uno que está en peligro de llevarse su negocio a otra parte y de contarle a todo el que le escuche o que esté al alcance de su computadora acerca de la experiencia que tuvo con la empresa.

Según la doctora Seiders, la comunicación (explicar qué fue lo que salió mal) y la compensación (algún tipo de sustitución) pueden reparar la percepción de trato injusto. Es importante, añade, formular la explicación en términos que no pongan toda la responsabilidad de la equivocación sobre los hombros de alguna tercera parte, ni atribuirlo a un «mal entendido». Con decir de modo directo y sencillo: «Siento mucho que esto ha sucedido y me aseguraré de rectificarlo de inmediato» es lo más próximo a una fórmula mágica en la recuperación del servicio.

Axioma 5: La recuperación eficaz es un proceso planificado

Las aerolíneas y los hoteles aceptan excesos de reservas. Los trenes y aviones tienen retrasos por condiciones climáticas y cancelaciones, así que estas empresas planifican de antemano cómo manejar estas situaciones. Si algunas condiciones fuera de todo control pueden causarles problemas a sus clientes, resulta lógico confeccionar un plan. Sin embargo, hay que instituir y aplicar el plan de manera muy sensible al cliente. Los clientes recuerdan un proceso de recuperación indiferente y mecánico mucho después de haber olvidado el incidente que obligó a buscarle solución.

Es importante saber cuál es el proceso de recuperación planificada de la organización, si lo tienen. Si usted está creando su propio plan de recuperación, asegúrese de obtener comentarios y el acuerdo de los demás miembros de su equipo, incluso su jefe. También es críticamente importante que regularmente practiquen la implementación del plan. Los clientes recuerdan dos cosas de un plan de recuperación bien diseñado y bien implementado: la calidad de la solución ofrecida y la pericia de las personas que la ofrecen. De estas dos, la pericia de las personas que ofrecen la solución tiene el mayor impacto sobre los clientes. ¿Qué tipo de pericia es esta? Recientemente hicimos un estudio con ochenta y un grupos de sondeo y pedimos a los participantes que nos dijeran cosas que recordaban y que les habían impresionado acerca de sus experiencias en la recuperación del servicio. Las diez acciones más memorables que experimentaron los representantes de servicio al cliente son las que se mencionan en la figura 28-2.

No puede garantizar que no cometerá errores. Pero sí puede garantizar que los resolverá.

—Jeff Bezos
Fundador y Director de la junta ejecutiva, Amazon.com,

Figura 28-2

CREADORES DE RECUERDOS EN LA RECUPERACIÓN DEL SERVICIO	
Cosas que los miembros del grupo de sondeo recordaron y que les impresionaron	**Porcentaje de entrevistados que hicieron comentarios sobre esta acción o se sintieron impresionados por ella**
El representante de servicio trató con mi disgusto.	79.0
El representante de servicio pidió disculpas.	69.1
El representante de servicio no se puso a la defensiva, sino que mostró humildad y buen porte.	62.9
El representante de servicio dio seguimiento luego de la queja.	56.8
El representante de servicio demostró habilidad para resolver problemas.	53.0
El representante de servicio, cuando correspondía, por adelantado reconoció el error de su organización, no trató de culpar a otro.	44.4
El representante de servicio actuó de modo responsable y autoritario a favor del cliente.	40.7
El representante de servicio demostró habilidades para el trato con gente, en particular para escuchar.	40.7
El representante de servicio demostró empatía por la causa o disgusto del cliente.	38.3
El representante de servicio tomó la palabra del cliente y valoró la percepción de este.	24.7

29

Recuperación del servicio por Internet

¿Por qué debo esperar más por un sitio de Internet que
por un pedido rápido en McDonald's?

—Anónimo

Ninguna discusión sobre la recuperación del servicio está completa sin
mencionar los retos que presenta atender a clientes por Internet. Los
clientes y negocios continúan acudiendo a la red mundial para comprar
productos y servicios, atraídos por la facilidad de comparar precios y la
conveniencia de efectuar las transacciones por computadora, en lugar
de tener que trasladarse al centro comercial más cercano.

Pero muchos de estos negocios electrónicos, al igual que las
empresas tipo «clic y ladrillos», es decir organizaciones con sitios de
venta por Internet y con tiendas, todavía están enfocadas únicamente
en adquirir clientes, no en atenderlos. Una cosa es tener un sitio Web
que sea estéticamente agradable, pero otra cosa es tener funciones
útiles para el cliente y necesarias para que los clientes cibernéticos
vuelvan después de la primera visita. Eso aumenta la importancia de
la buena recuperación del servicio en línea y allí es donde usted entra
en juego. Los expertos convienen en que la norma para la atención al
cliente y la solución de problemas es mayor en la Internet que en el
mundo de servicio al cliente en persona. ¿Por qué? Porque los clientes

estiman que la Internet y las computadoras que la impulsan son rápidas y fáciles y esperan que el servicio que reciben por Internet también sea rápido y fácil.

Los compradores por Internet empiezan con expectativas eleva-
das de la experiencia de compras en línea. Los clientes que pueden
comprar a toda hora por Internet ahora esperan servicio a toda hora,
algo que jamás pensarían exigir de una tienda. Cuando visitan sitios
Web y consultan por correo electrónico buscando ayuda o más información, muchos esperan recibir respuesta en cuestión de una o dos
horas, sin percatarse o sin que les importe que el representante de servicio en el otro extremo pudiera estar manejando consultas de otros
cien clientes al mismo tiempo.

Las empresas del comercio electrónico necesitan estar preparadas
para tratar con una nueva variante de quejas del cliente: La «ciberdes-
carga» o queja enviada por correo electrónico o por *bloggers* que criti-
can a las empresas en sus propios sitios Web. La influencia creciente
de la *blogosfera* ha obligado a muchas empresas a darle seguimiento
activo a estos sitios, o a pagarle a contratistas que den seguimiento a
los comentarios para evaluar las reacciones de los clientes a sus mar-
cas y responder a las historias de mal servicio que a menudo se propa-
gan como incendios por la Internet, causando estragos considerables a
las reputaciones de las empresas.

Considere este caso ocurrido recientemente: Un representante
de servicio de Comcast se había cansado de recibir llamadas y quejas

en repetidas ocasiones de LaChania Govan de Elgin, Illinois. Cuando LaChania recibió su próxima cuenta de televisión por cable, halló una pequeña sorpresa. Comcast había cambiado el nombre en su cuenta por uno sumamente degradante.

LaChania no sólo se disgustó, sino que acudió a los medios. Noticias muy preeminentes aparecieron en el *Chicago Tribune*, *Wall Street Journal*, *Washington Post* y en otras publicaciones nacionales. Los bloggers se abalanzaron sobre esta noticia también. En cuestión de seis horas, había treinta y nueve mensajes publicados en blogs y más de 16,000 enlaces que hacían referencia a la noticia, transmitiendo la transgresión de aquel representante de servicio de Comcast hasta los últimos rincones de la tierra.

Los clientes de Internet que están insatisfechos sienten que la desconexión distante de los correos electrónicos o blogs equivale a una licencia para quejarse con más regularidad, y frecuentemente con un fervor emotivo mayor y un tono más desagradable. Por ejemplo, la National Consumers League recibió más de 200,000 quejas sobre servicios en línea en el 2004, lo cual representó un aumento dramático de las 12,000 quejas que había recibido apenas cinco años antes, en el 1999.

Reglas preliminares para el camino

Si bien las reglas para el servicio por Internet evolucionan constantemente, hay ciertas pautas que han emergido. Estas son unas cuantas ideas sencillas que su organización deberá considerar para mejorar su servicio electrónico y reducir el número de situaciones de recuperación del servicio que tenga que enfrentar:

- *Acceso fácil a números de teléfono.* Son muchos los sitios Web que no indican un número de teléfono, o cuyo número es difícil de localizar. Debe haber un número en la página inicial de la empresa que sea fácil de localizar para los clientes, y debe haber una persona que atienda esa línea para ayudarles cuando llamen. Examine su sitio. Si no ve el número, o es difícil de hallar, indíqueselo a la persona encargada. Si los clientes le

dicen que el número de teléfono fue difícil de ubicar, informe
eso también.

- *Ayuda con un solo clic.* La ayuda para los clientes, con referencia a disponibilidad de productos, facturación, confirmación
  de un pedido, rastreo de entregas y otros tipos de información, nunca debe estar a más de un *clic* de distancia. No se
  debe obligar a los clientes a hacer clic por un sinnúmero de
  páginas hasta que se les inflamen los tendones para obtener lo
  que necesitan. Si el cliente puede hallar estas cosas fácilmente en el sitio Web, será menos probable que le llamen pidiendo esa información. Explore el sitio Web de su empresa. Si
  toma más de cuatro clicks hallar la información de servicio
  al cliente y enviar un mensaje, informe esto. Si los clientes le
  manifiestan disgusto por tantos clicks que tienen que hacer,
  infórmelo también.

- *Una lista de preguntas frecuentes.* Las preguntas frecuentes
  alivian la presión del personal de atención por teléfono o por
  correo electrónico porque dan a los clientes acceso fácil a toda
  hora a las preguntas frecuentes que se reciben acerca de la
  empresa. Algunos expertos recomiendan crear dos niveles de
  preguntas frecuentes: uno para clientes potenciales o nuevos,
  con preguntas fundamentales, y otro para los clientes estable-
  cidos que ya están familiarizados con sus productos o servicios. Examine las preguntas frecuentes de su empresa. Si las
  preguntas que usted responde con frecuencia para sus clientes no figuran en la página de preguntas frecuentes, informe
  esto. Si los clientes le dicen que las respuestas dadas a las preguntas frecuentes no están claras, infórmelo también.

- *Normas para responder por correo electrónico.* Se deben establecer normas claras en cuanto al tiempo de respuesta a consultas por correo electrónico y pautas claras para responder a
  preguntas y resolver problemas de modo sensible a los clientes.

La Web es un medio inmediato y los retrasos prolongados para
responder pueden perjudicar la lealtad de los clientes. Una vez que un

cliente se siente desencantado por la lentitud de las respuestas a sus preguntas, o de la solución a sus problemas, probablemente no repetirá el intento.

> **SUGERENCIA:** Lands' End recibe aproximadamente 400 consultas por correo electrónico diarias, y su personal tiene la norma de responder en menos de tres horas. En Dell Computer, los técnicos de apoyo responden a la mayoría de los mensajes de correo electrónico de los clientes en menos de cuatro horas. ¿Cómo se comparan las normas de su empresa?

En el espíritu de mantener a los clientes en línea informados y actualizados sobre la labor que hace a favor de ellos, se debería tener algún tipo de «acuse de recibo automático», un programa de computadora que responde a los correos electrónicos enviados por los clientes, indicándoles que la consulta ha sido recibida e indicando el tiempo que tomará responder a dicha pregunta. Si su empresa no tiene un dispositivo semejante, pregunte por qué no.

- *Elimine el requisito de inscripción antes de la venta.* Un estudio reciente realizado por la firma de investigaciones Vividence Corporation sobre clientes de diecisiete sitios de compra populares descubrió que la mayor frustración de los compradores era ser obligados a pasar por un proceso de inscripción antes de poder efectuar una compra. Hay pocas cosas tan generadoras de ira como el dedicar tiempo a investigar productos en un sitio Web, llenar un carrito con artículos, para que entonces le digan que es necesario llenar un formulario largo de inscripción antes de que el sitio pueda procesar su transacción. Es una de las razones principales por las cuales algunos sitios experimentan índices anormalmente elevados de abandono de carritos.

Revise el proceso de inscripción del sitio de su empresa, y si exige que los clientes que visitan por primera vez se inscriban antes de hacer una compra (en lugar de hacerlo después de la venta o cuando retornan al sitio), pregunte por qué su empresa parece estar contenta con ahuyentar a clientes valiosos y con crear una reputación dañina debido a clientes frustrados.

- *Los canales de devolución de productos están sincronizados y se complementan unos a otros.* Los clientes no se sienten nada satisfechos cuando piden un producto en un sitio Web y luego descubren que no pueden devolverlo en una tienda de la empresa. ¿Está la norma de devolución de productos comprados por Internet de su empresa sincronizada de modo que permita la devolución en persona? Si no, averigüe por qué y cuáles son los dos sistemas de devolución, porque sus clientes seguramente querrán saberlo.

Abandone a sus clientes en línea y ellos le devolverán el favor.

—www.liveperson.com

30

Repare a la persona

Aquí tiene su comida, ¡y espero que se le atore en la garganta!

—Servidor de comida rápida a un cliente que se
quejó por haber esperado diez minutos en ser servido.
(Esto no lo hemos inventado.)

La parte más difícil de tratar con gente, como ya sabe, es tratar con gente. Cuando un producto se descompone, los clientes tienen un objeto al cual pueden maldecir, darle de patadas, gritarle y enfocar sus sentimientos. Cuando el servicio se descompone, sin embargo, el enfoque de la reacción emocional es usted.

Según un estudio realizado en el 2005, en estos días los clientes disgustados no sólo se enojan, sino que buscan cobrárselas. El informe, desarrollado por la Customer Care Alliance en colaboración con la Escuela de Comercio de la Arizona State University, descubrió que un setenta por ciento de los 1,012 participantes en la encuesta había experimentado «ira de cliente» como resultado de encuentros de servicio recientes. Un quince por ciento de los que habían recibido servicio deficiente buscó algún tipo de venganza por el dolor y frustración (las buenas noticias es que apenas un uno por ciento actuó en base a ese deseo) y un trece por ciento admitió haber usado palabrotas durante su interacción con proveedores de servicio.

Resulta tentador responder de modo igual a las detonaciones emocionales de los clientes descontentos. Tentador, pero no muy sabio y ciertamente no muy productivo. Responder al enojo con enojo, al sarcasmo con sarcasmo, a la frustración con impaciencia, o ignorar el elemento emocional por completo dejan tanto el servidor como al servido sintiéndose muy golpeados. Resulta comprensible que ninguno de los dos esté ansioso de repetir la experiencia. Los profesionales del servicio fuera de serie reconocen el elemento emocional del servicio malogrado y gestionan la recuperación de modo calmado, profesional y afable. Para hacer eso, no basta con reparar el problema, también hay que reparar a la persona.

Código de colores de respuestas

Tal como los problemas tienen soluciones diferentes, reparar a la persona tiene forma diferente según el «color» del estado emocional del cliente. Si usted es un profesional del servicio, probablemente lo ha visto todo, desde un enojo frío hasta los que echan espuma por la boca. Algunas personas parecen ser sumamente comprensibles cuando las cosas salen mal, otros le hacen sentir absolutamente horrible por haber desempeñado un papel en un servicio malogrado, y otros pueden infundir una sensación muy real de terror en usted.

Nos resulta útil agrupar a los clientes en tres colores emocionales: Azul Apático, Anaranjado Acérrimo y Rojo Rugiente.

- *Clientes de azul apático.* Estos clientes no dan suficientes pistas emocionales para descifrar su nivel de disgusto. Para algunos, el servicio malogrado sencillamente es un suceso no emocional. Ceden a los golpes y no permiten que estos les molesten. Pero sea consciente de que los clientes al parecer neutros pueden avanzar por la escala emocional si no se les toma en serio.
- *Clientes de anaranjado acérrimo.* Por el fastidio, estos clientes exhiben irritación leve porque la experiencia no ha cumplido con sus expectativas. Sin embargo, si se les toma a la ligera o si usted se niega a reconocer su disgusto, rápidamente pueden aumentar a un estado de incendio mayor. Manéjelos con cuidado.
- *Clientes de rojo rugiente.* Estos clientes tienen sentimientos fuertes de ira y frustración; se sienten victimizados y lastimados por el servicio malogrado. Usualmente no es difícil reconocer

el nivel de afán que les aqueja, resulta evidente a todos los que se encuentren en un radio de tres cuadras de distancia.

Para ver las diferencias entre estos tres niveles, considere estas reacciones a una situación inicial básicamente igual, un retraso en un vuelo de avión.

Azul Apático. El vuelo de Roberto llega una hora tarde, pero él tenía noventa minutos de espera para el próximo vuelo y podrá hacer esa conexión, así que sus planes no se ven afectados.

Anaranjado Acérrimo. El vuelo de Olivia está retrasado una hora, lo cual hace que pierda su conexión y tenga que conseguir un vuelo a una hora posterior.

Rojo Rugiente. El vuelo de Ricardo está retrasado una hora, lo cual hace que pierda la última conexión posible, y le obliga a quedarse inesperadamente toda la noche y a tener que llamar y volver a programar todo un día de citas.

Saber el color emocional del cliente ayuda a escoger las mejores técnicas para repararles. Aquí ofrecemos una guía práctica. Si su cliente está:

Azul Apático

- Demuestre sorpresa.
- Utilice sus habilidades comunes de trato a las personas.
- Enfóquese en el cliente.

Anaranjado Acérrimo

- Demuestre un sentido de urgencia.
- Solicite la ayuda del cliente para generar soluciones.
- Ofrezca algo con valor añadido.

Rojo Rugiente

- Demuestre empatía.
- Permítale descargar su enojo.
- Genere calma.
- Escuche activamente.
- Planifique actividades de seguimiento.

La verdadera solución de problemas no sucede hasta que los mismos estén al descubierto. Los clientes Azul Apático frecuentemente parecen estar calmados mientras «ponen a prueba» su respuesta. Demuéstreles sorpresa y que esto no es «algo común», y pasará la prueba. Si no usa buenas habilidades de trato con personas, verá a este cliente calmado saltar a condición Rojo Rugiente. La táctica para los clientes Anaranjado Acérrimo están diseñadas para devolverle a estos tipos de clientes una sensación de control e importancia. La actitud acérrima o testaruda frecuentemente oculta un temor o incomodidad. El cliente Rojo Rugiente necesita ser alejado de una rabieta.

La punta del iceberg

Reparar a la persona es un elemento importante de un plan de recuperación bien concebido, porque muchas veces la reacción emocional de un cliente sólo está indirectamente vinculada con el verdadero problema de servicio. Cuando usted se encuentra con un cliente disgustado, las indicaciones emocionales iniciales no permiten discernir si el problema se debe a un vuelo retrasado, un radiador roto, un cheque sin fondos, o aun, bueno... considere la ilustración siguiente:

Hace algunos años, una amiga nuestra pasó varios años trabajando tras el mostrador de un negocio de venta de helados. Un día muy ocupado, un hombre de negocios entró y pidió un postre de helado y banana. Ella lo preparó, se lo entregó y procedió a atender al próximo cliente. Momentos después, aquel cliente regresó: «¡Este postre no tiene bananas!», gritó. «¿Qué clase de idiota prepara un postre de helado y bananas sin bananas?»

Sorprendida por semejante detonación, nuestra amiga no pudo hacer más que mirar al hombre, y al postre sin bananas. Cuando él finalmente hizo una pausa para respirar, ella hizo el esfuerzo de rigor: «¡Chispas! Lo siento mucho. Olvidar las bananas es una ofensa bastante grave cuando del postre con bananas se trata. Creo que yo también me hubiera molestado. Por favor, permítame prepararle un postre nuevo y devolverle su dinero».

En ese momento, el cliente se percató de que estaba haciendo una rabieta por un plato de helado, ante las miradas de los demás clientes, y siendo enfrentado por algo tan amenazante como la preocupación sincera dibujada en el rostro de una joven. Empezó a reír. Y ella se sonrió. Y los demás clientes empezaron a reír también. Lo positivo fue que mientras ella preparaba ese postre nuevo, él le pidió disculpas. Y, no está de más mencionar, posiblemente continuó siendo cliente regular de ese negocio de helados.

Cuando un técnico de servicio acude a un sitio, tiene dos reparaciones que efectuar: reparar el equipo y reparar al cliente. Y reparar al cliente es lo más importante.

—Bill Bleuel, Consultor de satisfacción del cliente

31

Repare el problema justamente

Si usted tiene un problema, eso reduce la probabilidad de que esa persona vuelva a comprar.

—Joseph M. Juran
Fundador de Quality Movement

¿Ha observado que alguna gente parece ser naturalmente hábil para resolver problemas? No importa cuál sea la situación, no importa cuál sea el conflicto, siempre parecen ser capaces de ver las medidas que hay que tomar para cumplir la misión. Tal vez usted sea una de esas personas.

Si no lo es, tal vez piense: «Nunca podré ser tan eficaz como ellos; no poseo el talento». Está equivocado. Resolver problemas es una habilidad, no un talento. Las personas que resuelven problemas con eficacia sencillamente han aprendido a usar sus habilidades. Para practicar y afilar las habilidades de solución de problemas, recomendamos una estructura con tres pasos: Escuche, sondee, resuelva.

Paso 1: ESCUCHE para descubrir el problema

La importancia de escuchar bien no puede exagerarse. En una situación de solución de problemas, hay dos razones por las cuales escucha:

1. Para permitir que los clientes descarguen su frustración o irritación, lo cual es parte del proceso de «reparar a la persona».

2. Para descubrir cuál es el problema verdadero (el cual podría ser evidente, pero algunas veces no lo es).

Por ejemplo, «escuche» esta queja de un cliente:

«Compré una bicicleta Kid-Pro de ustedes anoche. ¡La caja seguramente pesaba cuarenta kilos! Finalmente pude meterla en mi automóvil, sin la ayuda de ninguno de ustedes, y llegué a casa. Me tomó una hora sacarla del auto, meterla en la casa y abrirla. Digo, ¡válgame! ¡Esta es una bicicleta para niños y hay que ser Arnold Schwarzenegger para abrir la caja! Y después de todo eso, ¡las instrucciones no venían en la caja! ¿Cómo se supone que la arme sin las instrucciones?»

SUGERENCIA: El cliente ha estado practicando lo que iba a decir camino a su tienda o su oficina. No le niegue el derecho de darlo a conocer, y de forma tan dramática como quiera. Aun si está seguro de que comprende el problema, no interrumpa. Tal vez tenga la razón, pero tal vez no. Escuche hasta que el cliente haya terminado de explicar. El cliente se sentirá mejor por haber podido contar toda la historia y usted podría descubrir piezas del rompecabezas que ni sabía que le hacían falta.

Los clientes disgustados pueden incluir múltiples problemas en su queja. Para este cliente es importante decir que tuvo dificultades para llevar la caja de la tienda a su auto, y luego a su casa. Pero el problema inmediato es que las instrucciones hacían falta.

Paso 2: SONDEE para comprender y confirmar

Los clientes, en particular los clientes disgustados, no siempre explican todo clara o completamente. Pregunte sobre las cosas que no comprenda o que necesite aclarar. Luego, cuando sienta que ha identificado el problema y que lo comprende con claridad, repítaselo al cliente.

«Me preocupa la experiencia de compra que ha tenido, y voy a referírsela al gerente. Lo que comprendo es que usted necesita instrucciones. He tenido ese tipo de problemas al armar algo, con piezas por todas partes y las instrucciones que brillan por su ausencia, y sé lo frustrante que puede ser».

> **SUGERENCIA:** Utilice este paso para dejar en claro que está de acuerdo con lo que el cliente declara como problema, realmente lo es. Nada irrita más a un cliente que un representante de servicio responda bruscamente a sus inquietudes con un: «¿Y qué?»

Paso 3: Busque e implemente SOLUCIONES

Si el problema es uno que ha encontrado previamente, tal vez ya sepa cuál es la mejor solución. En tal caso, utilice el método de «siente, sentido, hallado» para presentarla:

«Comprendo que usted siente _____. Otras personas, incluso yo mismo, hemos sentido lo mismo. Hemos hallado que _____ soluciona este problema».

Si la mejor solución es menos evidente, presente varias alternativas y pregunte al cliente cuál prefiere.

«Afortunadamente esto no sucede muy a menudo. En los pocos casos que sucede, he hallado unas soluciones que funcionan. Una es revisar el almacén para ver si tenemos otra caja que tenga un juego de instrucciones. Pero, si tiene prisa, puedo sacarle copia al juego maestro que tenemos y enviárselo por fax o por correo electrónico. ¿Cuál de estos resulta mejor para usted?»

Involucrar a los clientes en la generación de la solución no sólo empieza a reconstruir la relación, sino que les da la sensación de que la empresa realmente está interesada en satisfacer sus necesidades. Hallará que la mayoría de los clientes tiene un sentido de lo justo y frecuentemente esperan recibir menos de lo que se pensaría. En nuestras investigaciones de los servicios de reparación de teléfonos, por ejemplo, descubrimos que los clientes que experimentaron problemas durante un fin de semana no esperaban recibir atención inmediata, pues suponían que los técnicos de reparación querrían pasar tiempo con sus familias durante el fin de semana, tal como los clientes.

SUGERENCIA: Si el cliente rechaza la solución que ofrece, o la recibe con indiferencia, es posible que no esté resolviendo el problema real. Continúe sondeando para ver qué otra cosa el cliente desea que suceda.

Un paso adicional

Algunas veces, resolver el problema real no basta. Recuerde que el propósito de una reparación fantástica no sólo consiste en resolver el problema, sino también, y tal vez de mayor importancia, retener al cliente. Reconstruir una relación dañada, particularmente en la cual el cliente se siente victimizado por el servicio malogrado, puede requerir que usted dé un paso adicional, el cual denominamos «sustitución simbólica». Significa hacer un gesto apropiado que comunique: «Quiero compensar lo sucedido». La sustitución es una forma de dar un toque con valor añadido que le dice al cliente que su negocio es importante para usted:

> «Me alegro que nos ha dado la oportunidad de corregir las cosas. Antes de que se vaya, permítame escribirle el número de teléfono del almacén y el número de teléfono de mi casa en las instrucciones. Y puesto que tuvo que hacer un viaje adicional a la tienda, me gustaría regalarle una de estas placas personalizadas para bicicletas. ¿Cómo se llama su hijo?»

No pelee, arregle el asunto.

—Norma de manejo de quejas de Hardee's

32

Los clientes infernales también son clientes

No hay clientes «malos», sólo que algunos son más difíciles de complacer que otros.

—Alguien que nunca en su vida
ha tenido que atender a clientes

Existe un mundo de diferencia entre guardar la compostura cuando trabaja con un cliente disgustado e iracundo que ha tenido un mal día en la tierra de los consumidores, y la sensación ardiente que le da en el estómago cuando se enfrenta cara a cara con un cliente infernal, de los que respiran fuego, despiadados e inmisericordes.

Los clientes que han *atravesado* una situación digna del infierno necesitan su ayuda, apoyo y comprensión. Pero aquellos que parecen provenir directamente *del* infierno necesitan del cuidado y manejo especiales que se reserva para una granada activa o una serpiente cascabel enojada.

A ese segundo grupo nunca le diría en la cara lo que está pensando: «¡Ah, no! Otro cliente infernal», pero no tiene nada de malo que reconozca para sí mismo que así se siente trabajar con ellos.

Los clientes infernales juegan un juego muy sencillo. Su meta es crisparle los nervios, provocar que usted contraataque. Le provocan; usted reacciona; ellos ganan. Si pierde el control, lo pierde todo.

Frecuentemente su primer impulso es huir y ocultarse o darles de golpes. O quizás ambas cosas. Pero en realidad no puede hacer ninguna de ellas. ¿Qué hacer entonces?

1. *Desarrolle algo de perspectiva.* Los clientes infernales genuinos son relativamente escasos y pocos. La mayoría de los clientes quiere tratar con usted de modo agradable y positivo. Y aun los clientes realmente difíciles son seres humanos dignos de recibir trato justo.

2. *Recuerde que usted es un profesional.* Conoce su trabajo y a su empresa. Conoce sus productos y cómo funcionan. Y *sabe* cómo manejar a las personas, aun al final del día, de la semana, o de agosto con el aire acondicionado dañado.

3. *Sea maestro del arte de la calma.* Deje que el disgusto y el enojo le pasen sin que se le peguen. Los clientes iracundos rara vez están enojados con usted personalmente. Están enojados con una situación que no les gusta.

Métodos para tratar con clientes detestables

Nuestras investigaciones de clientes, y las historias de aquellos que han tenido que tratar con los más difíciles, sugieren cuatro pasos que, si se aplican correctamente, pueden calmar la parte salvaje del cliente más horroroso.

1. *No vea el mal, no escuche el mal.* Si empieza a pensar que los clientes son patanes e idiotas, antes de que se percate de ello, empezará a tratarlos tan mal como ellos le tratan a usted. Peor aún, empezará a tratar a los inocentes como culpables.

El Sr. Juan K. Canalla de Empresas Acme es el patán más grande que usted jamás ha tenido que enfrentar. Un día decide resistir el fuego con fuego y ser tan grosero e insultante como lo es él. Le da una dosis de su propia medicina, y se siente bien por haberlo hecho. Juan K., por supuesto, les dice a todos en Acme que usted es un grosero y que todo lo que *él* hizo fue pedir un poco de ayuda. Pronto empieza a observar que otras personas de Acme actúan de modo difícil cuando trata con ellos. Y entonces, por supuesto, usted tiene que mostrarle a esos patanes que puede ser tan difícil como lo son ellos. Y entonces… Capta la idea, ¿verdad?

Los clientes infernales se alimentan de sus reacciones. Utilizan la respuesta que usted da para justificar su propio comportamiento. Si ignora sus palabras y acciones groseras y ordinarias, envía el mensaje: «Eche sapos y culebras, y maldiga todo lo que quiera. No me intimida». Y ese mensaje, demostrado pero no dicho, le da la ventaja *a usted*.

> **SUGERENCIA:** No trate de usar los Diez Mandamientos que tiene su empresa con los clientes infernales. Citar las reglas o la norma de la empresa para justificar sus acciones sencillamente da a esta persona una razón concreta por la cual responder a gritos.

2. *Alivie la tensión*. Algunos clientes saben cómo afectarle de modo personal con el uso de palabrotas o un tono condescendiente. Otros parecieran descargar su ira en usted como si fuera el responsable de todos los males que existen en sus vidas. De hecho, los clientes iracundos, con rabietas, están tan envueltos en sus emociones que frecuentemente olvidan que

usted es una persona viva, con sentimientos. Aliviar la tensión es una forma de recordarles con gentileza que lo es. Dígales: «¿He hecho algo personalmente para disgustarle? Quiero ayudarle, por favor déme la oportunidad». Esto ayuda a tornar el enfoque del cliente hacia el problema y no hacia la persona. La frase «deme la oportunidad» hace la magia. La aprendimos de FedEx, cuyos agentes hace tiempo se percataron de que son muy pocos los clientes que no darán esa oportunidad, aunque sea a regañadientes. A menudo eso es todo lo que se necesita para tornar un cliente frustrado de iracundo a angelical.

SUGERENCIA: ¿Le preocupa que algún cliente le responda: «Sí, de hecho me has arruinado toda la vida»? Eso rara vez sucede, pero si le diera esa respuesta, es importante saber por qué a fin de que pueda corregir el problema o percepción, o sencillamente elegir avanzar a la táctica siguiente.

3. *Transformación por transferencia. Hay* ocasiones en las que no está bajo la obligación de continuar la conversación con un cliente. Si personalmente se siente ofendido, sacudido o consternado por los insultos, tiene el derecho de tratar con ello. Si un cliente no le permite ayudarle, usted tiene la obligación de ponerle en contacto con alguien que sí le ayude. Transferir la llamada del cliente a un compañero o a un supervisor no es una estrategia de evasión. En lugar de ello, si se usa en este tipo de situaciones, es un método ingenioso y planificado para superar el comportamiento negativo y detestable de un cliente.

Cuando emplee esta táctica, observará un fenómeno extraño, pero sumamente humano. Considere lo que sucede cuando Carolina Male Ducada llama para hacer una consulta sobre un problema de facturación. Usted intenta «aliviar la tensión», pero ella responde: «¡Pedazo de imbécil! Gente como tú son las que han causado la caída de todas las grandes sociedades. ¡Quiero hablar con alguien que tenga cerebro!» Así que usted respira profundo y la pone en espera. Llama a su supervisora y le explica la situación antes de pasarle la llamada de la Sra. Male Ducada. Luego corre al cubículo de su supervisora para ver su reacción cuando la Sra. Male Ducada desencadena su furia. En lugar de ello, ve que su supervisora sonríe y asiente mientras le dice frases tranquilizadoras. ¡Un momento, lo que es peor aún: su supervisora se ríe de algo que la Sra. Male Ducada ha dicho! Cuando ella cuelga el teléfono, su supervisora le mira y dice: «¡Qué personaje es esa señora Male Ducada! Me cayó bien. ¿Qué fue lo que le dijiste que la molestó tanto?»

¿Acaso la Sra. Male Ducada y su supervisora son gemelas secretas? No. La Sra. Male Ducada estaba teniendo una rabieta de adulto. Al ponerla en espera, la «mandó a la esquina» al estilo adulto. Tal como sucede con un niño pequeño que es enviado a la esquina como castigo por algo, la Sra. Male Ducada pasó de su rabieta a una actividad diferente. En su caso, pasó a hablar con una supervisora. Pudo dejar su rabieta y sus insultos que tuvo en el pasado con usted y empezar de cero con esta conversación nueva.

4. *Edifique la confianza.* ¿Y qué si la Sra. Male Ducada no se calma? O peor, ¿qué hacer si un cliente le amenaza o empieza a darle de empujones? En este punto llega el momento de trazar una línea sobre la arena, pero no una línea que obligue al cliente a saltar en las aguas frías del río. En lugar de ello quiere llevar al cliente sobre un puente para dejarlo en la ribera lejana.

Usted es el anfitrión asistente del Café Caliente, el restaurante nuevo más elegante y moderno de la ciudad. Está copado de reservas por la noche cuando aparece el Sr. Canalla con tres amigos y sin reservas. El Sr. Canalla le toma del brazo, le lleva a un lado y dice que *le dará* una mesa de inmediato, si sabe lo que le conviene. Mientras habla, él sonríe y le aprieta el brazo de forma amenazante. Mírele directamente a los ojos, sonría y dígale: «Lo siento, pero a menos que hallemos otra forma en la cual tener esta conversación, una que no incluya el contacto físico, tendré que llamar a mi agente de seguridad».

SUGERENCIA: Utilice expresiones en primera persona singular como las que aparecen previamente. Si dice algo como: «Eres un matón maloliente y probablemente no tienes amigos», eso probablemente creará resentimiento y una actitud defensiva. Hablar en primera persona comunica con claridad que usted quiere que el cliente cese un comportamiento particular, ya sea el uso de palabrotas o los empujones, porque aunque otros piensen que tal comportamiento es aceptable, *usted* no.

Tal vez tendrá que repetir esta frase por segunda vez y darle un instante para que se percate de que habla en serio. Entonces, si él cesa el comportamiento, ofrézcale ponerlo en la lista de espera. En caso contrario, dígale: «Lamento que no pudimos hallar la manera de trabajar juntos». Llame a su supervisor con una voz firme y *fuerte*. Luego llame a la policía.

La mayoría de los clientes accederá luego que haya dicho con claridad: «Cese este comportamiento y trataré de ayudarle; continúelo y no le ayudaré». Si el cliente no accede, es imperativo que cumpla lo que ha dicho. Esto forma lo que los psicólogos denominan «contrato de confianza». En otras palabras, hizo una promesa: «Llamaré a mi agente de seguridad», y la cumplió.

¿Cuál es la mejor táctica? Cualquiera de los cuatro métodos puede ser el correcto, según la situación. Hable con sus compañeros y con su supervisor sobre cómo y cuándo aplicar cada respuesta a sus clientes difíciles.

El cliente ya no es rey; ¡es un dictador!

—Anónimo

33

El salón de la vergüenza de los clientes infernales

Sólo me dan un real, pero quieren una canción de a peso.

—Traducción libre del título de una canción *country*

No todos los clientes infernales son creados iguales. Algunos son maestros de la tortura lenta. Otros gritan a voz en cuello. Algunos ruegan. Otros lloran. Unos amenazan. Otros hasta adulan. Nuestro consejo: ¡Conozca a su enemigo!

A nuestro modo de ver, hay CINCO tipos de clientes infernales.

Edgardo el Egocéntrico

Yo primero, yo último, yo y sólo yo; ese es su credo. ¿Y usted? Usted sólo desempeña un papel secundario, es un extra, un elemento menor en una escena que es la mayor de todas las producciones: «Edgardo, La Historia Más Grande Jamás Contada».

Comportamientos de muestra

No espera su turno, sólo habla con la persona que esté a cargo, intimida a través de la mención deliberada de personas importantes y hace sus demandas con voz fuerte.

Formas de trabajar con Edgardo

- *Apele a su ego.* Debido a que Edgardo ya es una leyenda en su propia mente, nada le alivia más rápido que si se le reconoce como persona importante. Detalles pequeños como recordar su nombre y usarlo pueden tener un impacto significativo.
- *Demuestre acción.* Edgardo en realidad no cree que usted puede hacer o que hará algo por ayudarle. Si toma una acción concreta de inmediato, esto hace mucho para lograr una solución dócil del problema, aun si este existe únicamente en la mente de él.
- *No hable de la norma de la empresa.* Edgardo no quiere oír cuál es la norma de su empresa (de hecho, ningún cliente con problemas quiere oír cuál es la norma de su empresa). Edgardo espera que le exima de todas las normas. Dígale algo como: «A usted puedo ofrecerle...», y luego le ofrece lo que indique la norma de la empresa.
- *No permita que el ego de él destruya el suyo.* Edgardo puede ser terriblemente dominante, y su actitud superior invita al personal de servicio al cliente a sentirse poco importante. No interprete su sentido de importancia propia como una afrenta personal. Enfóquese sobre el asunto en cuestión, no en el desdén de Edgardo.

Malena Malhablada

Su madre seguramente se sentiría orgullosa. ¡Qué vocabulario tan extenso! Se requiere coordinación, talento y una total falta de vergüenza maldecir como un soldado, pero Malena lo hace verse fácil.

Comportamientos de muestra

Utiliza lenguaje soez y tiene una actitud cáustica, ordinaria, cruel y ofensiva.

Formas de trabajar con Malena

- *Ignore su lenguaje.* Si permite que su lenguaje le afecte, ha perdido. Aunque sus palabras soeces sean insultantes, trate de hacerles caso omiso. Recuerde que ella realmente está desencadenando su furia hacia la organización y no hacia usted como persona. Frecuentemente se puede desarmar a Malena preguntándole: «Disculpe, pero ¿he hecho algo personalmente para ofenderle? Porque si lo he hecho, me gustaría repararlo o pedirle disculpas». Malena probablemente detendrá su curso, dirá que no y procederá a contarle lo que realmente la tiene molesta.
- *Oblíguela a cambiar.* Si Malena está desencadenando un alud de insultos, interrúmpala y dígale: «Disculpe, pero no tengo por qué escuchar ese tipo de lenguaje y voy a colgar en este momento». Tan pronto cuelgue, acuda a su supervisor de inmediato y dígale: «Acabo de colgarle a este cliente por esta razón». Las investigaciones demuestran que la mayoría de las veces (aproximadamente un ochenta por ciento de ellas), el cliente vuelve a llamar y pide disculpas.
- *Utilice un acuerdo selectivo.* Cuando Malena llega quejándose del tiempo absurdamente largo que tuvo que esperar a que la atendieran, ¡dígale que está de acuerdo con ella! «Cinco minutos es un tiempo de espera largo; puedo ver por qué está molesta».

Héctor el Histérico

Este grita. Si es cierto que en el interior de todos nosotros hay un niño que añora ser libre, Héctor demuestra el lado tenebroso de semejante idea feliz. Es el clásico echador de rabietas, la personificación adulta de la terrible época de los dos años de edad. Sólo que con un volumen más fuerte. Mucho más fuerte.

Comportamientos de muestra

Grita, es rabioso y sumamente animado, se mueve de un lado a otro e invade el espacio personal de los demás.

Formas de trabajar con Héctor

- *Permítale descargar su enojo.* Héctor tiene mucha emoción acumulada. Déjele aliviar la presión. Muéstrele a Héctor que acepta sus sentimientos, esté o no esté de acuerdo con ellos, por medio de declaraciones neutras tales como: «Puedo ver por qué está molesto», o «No le culpo por sentirse disgustado».
- *Llévelo tras bambalinas.* Una zona pública no es el lugar ideal para permitir que Héctor estalle. Llévelo a un lugar más apartado como un salón de conferencias o una oficina privada. Sin embargo, Héctor podría resistirse a ello si piensa que es más probable que se salga con la suya si su rabieta se descarga a la vista de otros clientes.
- *Hágase responsable de resolver el problema.* Después de que Héctor se haya calmado, averigüe cuál es el verdadero problema. Déjele saber que quiere resolver su problema y que hará lo posible por resolverlo.

Diego el Dictador

Diego frecuentemente aparece dando órdenes. Emite su ultimátum, fija fechas tope arbitrarias y dice a todos exactamente cómo deben hacer su trabajo; después de todo, él antes «hacía esta clase de negocio». ¿Y cuando su plan no funciona? Es culpa de su empresa, por supuesto. Mejor aun, es culpa suya.

Comportamientos de muestra

Aparece con varias copias de instrucciones u órdenes escritas, insiste en que las cosas se hagan a su manera, y sospecha que hay sabotaje si las cosas no le favorecen.

Formas de trabajar con Diego

- *Arruínele el juego.* Diego cree que para recibir servicio adecuado de una organización le es necesario ir a la guerra y atacar primero. Si le trata como que todo está bien y le dice: «Con mucho gusto me encargaré de ello como usted lo prefiera», le arruina el juego. Nada funciona mejor para descarrilar a Diego que cumplir lo que pide de modo oportuno y preciso.
- *Mantenga su propio juego.* Cuando no le sea posible arruinarle el juego a Diego ni torcer sus reglas, todavía puede jugar de buena fe. Acentúe lo positivo repitiendo lo que puede hacer por él.

Sandra la Sanguijuela

Es una chica materialista en un mundo materialista, quiere aprovechar hasta su último dólar, y el suyo también, y el mío, y el de cualquier otro que logre conseguir. Para ella no es un juego aprovechar más su dinero; para ella, es una guerra.

Comportamientos de muestra

Busca conseguir algo por nada, o mejor aún, dos por nada, viene a devolver las cosas cuando se han desgastado, roto o han empezado a aburrirle y amenaza a gritos con poner una demanda legal si alguien la acusa de aprovecharse.

Formas de trabajar con Sandra

- *Trate a Sandra con la misma cortesía y respeto que le daría a cualquier cliente.* Puede mostrar cortesía y deferencia, sin regalarle el negocio.
- *Busque una respuesta justa a la queja de Sandra (justa a su parecer y al de ella).*
- *No tiene que ceder a las demandas de Sandra.* Sin embargo, ceder puede resultarle más fácil que evitar la escena que ella seguramente causará delante de los demás clientes.

Busque los dones, las cosas que todo encuentro desagradable pueda enseñarle acerca de tratar con el
comportamiento humano antipático.

—Rebecca Morgan
Morgan Seminar Group

V

Servicio fuera de serie saludable:

Cuidando de *sí mismo*

Hasta este punto hemos enfocado nuestra atención principalmente en el cliente. Pero hay otro jugador importante en el juego del servicio: ¡USTED! Un profesional del servicio inteligente sabe que controlarse a sí mismo es tan importante como controlar la experiencia del cliente.

Proporcionar un servicio fuera de serie no debe ser una causa imposible, ni un calvario personal. Al igual que un atleta que está en entrenamiento constante, o un músico que perfecciona su dominio de un instrumento, usted necesita desarrollarse, evaluarse, regimentarse y controlarse a sí mismo y a su desempeño. Eso es trabajo, pero también significa que hay que celebrar una tarea bien hecha.

La opinión que tenga de sí mismo y del trabajo que desempeña, si le encanta o si siente que le abruma, se reflejará inevitablemente en la calidad de su trabajo. El servicio fuera de serie debe ser fuente de satisfacción para todos los involucrados en ello.

34

Domine el arte de la calma

El rompecabezas del estrés es el vínculo entre la mente y el cuerpo: ¿Qué papeles desempeñan nuestras emociones, pensamientos y percepciones en la manera en la que experimentamos y respondemos físicamente a las situaciones de estrés?

—Dra. Frances Meritt Stern
Presidente, Institute of Behavioral Awareness

A nadie le hace bien cuando usted está agotado por el estrés, sobrecargado de trabajo, ansioso, malhumorado, beligerante, desagradable y todavía en espera de esa primera taza de café. La labor emocional que requieren los trabajos modernos de servicio puede ser más agotadora que levantar cajas o vaciar hormigón. Todas las cosas buenas que se incorporan a su trabajo nunca serán suficientes si usted no aprende a enfrentar el estrés y contrarrestarlo.

En los parques recreativos, desde Disneylandia y Walt Disney World hasta Knott's Berry Farm, Universal Studios y Six Flags, las personas que trabajan al frente aprenden los conceptos de «en escena» y «fuera de escena».

- *En escena* es todo lugar donde un cliente pueda verle o escucharle.
- *Fuera de escena* es el resto de los lugares, donde está seguro y apartado de la vista del público.

Un empleado que se siente bajo estrés puede pedirle a su supervisor que se encargue de controlar la montaña rusa, el puesto de ventas o la escoba para tomarse un tiempo a reorganizarse a sí mismo. Una vez que está fuera de escena, puede descargar sus emociones, tratar con ellas, recuperar el semblante para tratar con el público nuevamente y regresar a su trabajo sin preocuparse de perder los estribos con el próximo cliente.

Usted, su supervisor y su organización tienen que trabajar juntos para gestionar el entorno en el cual desempeña su trabajo. Pero sólo usted puede controlar la manera en la que reacciona a un encuentro de servicio particular. ¿Cómo lo enfrenta? Hay una gran cantidad de técnicas para la reducción del estrés, ya sea en su cubículo o en el piso de ventas. Halle las que funcionen mejor para usted y póngalas en práctica todos los días. Aquí presentamos diez de ellas para ayudarle a empezar.

Diez reductores de estrés

1. *Respire.* La respiración profunda es una de las técnicas más antiguas para eliminar el estrés. El estrés puede perjudicar el equilibrio natural de oxígeno y bióxido de carbono de los pulmones. La respiración profunda corrige este desequilibrio y puede ayudarle a controlar las reacciones de pánico. Inhale profundamente, retenga la respiración por siete segundos (no más de eso) y luego exhale lentamente por la boca. Haga esto de tres a seis veces.

2. *Sonría.* Usted forma su propio estado de ánimo y su estado de ánimo puede causarle estrés o relajarle. La sonrisa es contagiosa. Cuando vea a un cliente apesadumbrado, mírele a los ojos y déle una de sus mejores y más brillantes sonrisas. Noventa y nueve veces de cada cien, le devolverán una sonrisa.

3. *Ría.* Mantener un sentido del humor es la mejor defensa contra el estrés. La psicóloga del estrés, Frances Meritt Stern, cuenta de un cliente difícil que ella tuvo que atender por años. «¡Ese payaso me está volviendo loca!», decía con frecuencia. Un día, empezó a imaginarlo con maquillaje blanco, zapatos gigantes y una sonrisa amplia y tonta.

Con esta imagen haciéndola reír, ella pudo manejar su respuesta al estrés y enfocarse en cumplir con su trabajo.

4. *Descárguelo.* Mantenga su enojo y frustración encerrados en su interior y de seguro lo mostrará en su exterior. En lugar de ello, saque una cita consigo mismo para pensar sobre un cliente particularmente estresante más tarde, y busque la manera de aliviar la frustración en un lugar privado. Una tensión que no reconozca tener le consumirá, pero postergar su reacción a eventos causantes de estrés puede ser constructivo. Le pone en control.

> **SUGERENCIA:** Para sacarle el máximo provecho a esta técnica, la representante de servicio Amy Gruber lleva un cuaderno con los clientes y situaciones más frustrantes. Agregar una entrada al cuaderno ayuda a calmarla, y con el paso de los años este cuaderno se ha convertido en una guía para tratar con el estrés.

5. *Tome unas vacaciones de un minuto.* John Rondell, consultor de ventas, crea una imagen vívida de sí mismo buceando en una playa hermosa con arena blanca del Caribe. Ha desarrollado esa escena hasta el punto en que puede transportarse a sí mismo y perder el sentido del tiempo y del espacio, aunque sus visitas a ese lugar apenas duran uno a

dos minutos. Él frecuentemente va a su «lugar favorito» después de una llamada estresante, o antes de hablar con un cliente generador de estrés.

6. *Relájese.* Tendemos a retener la tensión por medio de contraer nuestros músculos. En lugar de ello, utilice ejercicios isométricos: contraiga y relaje músculos o grupos de músculos específicos. Cierre el puño, luego relaje la mano. Apriete los músculos de su estómago, luego reléjelos. Empuje las palmas de sus manos una contra la otra, luego relaje sus brazos. Algunas personas se vuelven tan hábiles con esto que pueden hacer sus ejercicios aun bajo las narices del cliente.

7. *Haga ejercicios aeróbicos de escritorio.* El ejercicio es un componente vital de una vida que controla el estrés. Intente estos dos ejercicios de escritorio:

- Mientras está sentado ante su escritorio, levante los pies hasta que sus piernas estén casi paralelas con el piso. Sosténgalos allí y luego bájelos al suelo. Repita esto cinco veces.
- Incline la cabeza hacia delante y luego muévala de lado a lado (pero no la incline hacia atrás, eso puede causar un esfuerzo en lugar de estirar los músculos). Gire sus hombros hacia delante y luego levántelos y gírelos hacia atrás. Esto se siente particularmente bien luego de haber estado sentado o de pie por cierto tiempo.

8. *Organice.* Organizar las cosas da una sensación de control y reduce su nivel de estrés. «Organizo mi escritorio cuando estoy esperando en el teléfono», dice Eric Johnson, representante de servicio al cliente. «Antes de terminar mi jornada, me aseguro que todo esté guardado y preparo una lista de prioridades para el día siguiente».

9. *Hable positivamente.* Descargue su enojo y frustración en maneras positivas. Compartir con sus compañeros de trabajo acerca de encuentros que tuvo con clientes ayuda a descubrir el humor en la situación y a ganar nuevas ideas para manejar situaciones similares. Pero hablar negativamente de modo constante, repitiendo cosas pasadas sólo sirve para volver a crear y reforzar el estrés, no para disminuirlo.

10. *Tome un descanso saludable.* Cambie sus descansos norma-les por descansos de estrés. Considere irse a caminar afuera, leer un capítulo de un libro favorito o sentarse con los ojos cerrados por unos cuantos minutos. Traiga algo saludable de merienda y jugo al trabajo en lugar de consumir café y dulces.

En paráfrasis: Usted sirve según cómo se sienta. Necesita cuidar de sí mismo. Y es el único que puede hacerlo.

> Cuando el cliente tiene la mayor ansiedad, usted debe estar en su mejor forma, lo más competente, confiado, calmado y en control de sí mismo que pueda.

> —Chip R. Bell

35

Mantenga el profesionalismo

Todo trabajo es un autorretrato de la persona que lo llevó a cabo. Autografíe el suyo con excelencia.

—Póster en un taller de reparación de automóviles

Hoy es común escuchar a ejecutivos y gerentes proclamar: «Los clientes son nuestros mejores amigos». Pero los profesionales del servicio fuera de serie saben que, a pesar de las conversaciones amistosas y la fanfarria personal, existe una diferencia crítica entre ser amistoso y tener una amistad.

Una *transacción amistosa* es una meta clara y comprensible en todo negocio: tratar a los clientes de modo cortés, atento y profesional imita el «tratamiento de transacción» que daríamos a un amigo personal cercano (y al hacerlo, lubrica las ruedas del comercio).

Una *amistad*, sin embargo, es una relación que se inicia y continúa fuera de los límites del entorno laboral y requiere de compromisos personales que van mucho más allá de las interacciones normales entre cliente y servidor.

¿Significa eso que los clientes nunca deben ser amigos, o que los amigos no pueden ser clientes? Por supuesto que no. Todos esperamos que nuestros amigos elijan hacer sus negocios con nosotros, y no es raro, y usualmente es un gran cumplido, cuando las relaciones comerciales se convierten en amistades interesantes.

Si creemos a las cartas enviadas a los columnistas consejeros, parece que un buen porcentaje de las relaciones románticas de la actualidad surgen de profesionales de servicio que conocieron a clientes. Pero ese es el resultado de una relación que continúa más allá del trabajo.

Cuidando del negocio

En el trabajo, sus clientes son en primer lugar clientes: Han acudido a usted no para obtener conversación ni compañerismo, sino porque buscan satisfacer necesidades a través del negocio que le emplea. Los clientes necesitan su ayuda como profesional del servicio para concretar una venta, crear un nuevo estilo de peinado o entregar doscientos kilos de adhesivo industrial. No han venido para buscar a un nuevo amigo.

> **SUGERENCIA:** Usted brinda la mejor ayuda cuando permanece profesional, pero con un toque personal. Eso significa que no confunde sus amistades personales fuera del trabajo con las transacciones de trabajo profesionales y amistosas.

Cabe señalar que las amistades pueden verse afectadas cuando los negocios se interponen. ¿Se sienten suficientemente seguros sus amigos para arriesgarse a disgustarle si sus servicios comerciales amistosos no son satisfactorios? Aun los amigos de mucho tiempo pueden sentirse incómodos siendo honestos con usted en una relación comercial que se asemeja más a una amistad que a una asociación profesional. Tal vez se guarden comentarios agudos o supriman sus quejas, y en últimas hasta podrían llevarse su negocio a otra parte en lugar de crear sentimientos heridos al decirle su insatisfacción.

Las apariencias también tienen su efecto, tanto en los clientes que no le conocen bien como en los supervisores y compañeros de trabajo que sí.

- La siguiente persona en línea puede sentirse decididamente incómoda por la conversación personal y otras manifestaciones de una relación que la excluye. Aunque no les toque esperar más de lo normal, la espera se «siente» más larga si piensan que usted podría atender sus necesidades más rápidamente si dejara a un lado lo que a ellos les parece una conversación trivial.
- Sus compañeros de trabajo y supervisores también podrían reaccionar de modo similar si piensan que usted está dándole un trato no equitativo o preferencial a un cliente en particular, especialmente si hay otros clientes cerca a quienes servir y observar.

Recuerde que el momento de la verdad para usted y para su negocio tiene que ver con cualquier momento en el que el cliente tenga oportunidad de observar lo que hace y de evaluar la calidad de lo que ofrece. La mejor regla general es «mantenga el profesionalismo» en todo momento.

La participación varía

La diferencia entre amistoso y amistad, y la diferencia entre empatía y simpatía están relacionadas. Cuando sus amigos experimentan dolor o gozo, usted comparte esos sentimientos con ellos. En ese contexto, usted simpatiza como parte de su amistad. Cuando sus amigos están en problemas, hasta podría ofrecer consejo. Pero no es su papel arreglarlo todo para ellos.

Cuando un cliente está disgustado, espera que a usted le interese también. Pero además espera que haga algo más que nada tiene que ver con una relación personal: que repare el problema y corrija las cosas sin involucrarse personalmente. Mostrar empatía como parte de ser «profesionalmente amigable» es la mejor manera de respetar la diferencia entre la conducta personal y la profesional.

Efectuamos una encuesta informal de profesionales del servicio y clientes, preguntándoles: «¿Cómo determina que un proveedor de

Por conducta indigna de un representante, te pido que entregues tu gorro y auriculares.

servicio es un profesional?» La tabla 35-1 revela las respuestas dadas con más frecuencia.

Tabla 35-1

Profesional	No profesional
• Se viste conforme a su papel; viste nítidamente.	• Lo ignora a uno; usualmente para atender una llamada personal o conversar con un amigo.
• Comunicador confiado; no dice «um» y «no sé» sin tratar de averiguar.	• Suspira mucho; voltea los ojos.
• Sonríe; parece deseoso de ayudar.	• Mastica chicle o come mientras habla con uno.

Quién eres frente a qué haces

Existe otra relación personal que frecuentemente es pasada por alto por los profesionales de servicio envueltos en las pruebas y tribulaciones de sus propios trabajos: la relación que usted sostiene con sus seres más cercanos: su familia y seres queridos. Cuando los miembros de la familia preguntan: «¿Cómo fue tu día?», usualmente no hay escasez de historias sobre servicio que pudiera compartir con ellos. Y aunque esas historias podrían ayudar a su familia a comprender mejor por qué le importa tanto el trabajo que desempeña, no es justo abrumarlos con sus preocupaciones profesionales, tal como es poco profesional violar la confianza de sus clientes. Cuéntele a sus seres queridos acerca de lo que hace cada día en el trabajo, pero trate de equilibrar las historias o experiencias negativas con las positivas.

SUGERENCIA: Trace una línea clara entre quién es usted y lo que hace. Quién usted es va consigo a casa al final del día; lo que hace se queda en el trabajo.

El buen servicio no es sonreírle al cliente, sino lograr que el cliente le sonría a usted.

—Dr. Barrie Hopson y Mike Scally
12 Steps to Success Through Service
(12 Pasos al éxito a través del servicio)

36

El principio de la competencia:

Aprender continuamente

Usted nunca está fuera de servicio; tiene que recordar todo lo que vea.

—Holly Stiel
Conserje, Hyatt San Francisco

Los ha visto. Tal vez hasta le ha tocado usar uno. Ya sabe, una de esas etiquetas de identificación que dice «Aprendiz». Las que proclaman a todo el mundo: «Sea paciente; todavía estoy aprendiendo».

Frecuentemente imaginamos a los aprendices como jóvenes, ansiosos por aprender, llenos de preguntas y como personas que no pueden esperar hasta el momento de quitarse el título de aprendiz y saberlo todo. Pero entregar servicio fuera de serie significa tener una mentalidad de aprendizaje que perdure toda la vida. Aprender en su trabajo no cesa cuando usted entrega la etiqueta de Aprendiz. De hecho, apenas estás empezando. Tal como los atletas profesionales, los mejores individuos que efectúan servicio al cliente siempre están capacitándose, siempre buscan maneras de mejorar su desempeño, siempre buscan maneras de pulir sus ventajas en el servicio.

¿Qué necesita saber? Piense en el aprendizaje de toda la vida como un programa personal de ejercicios del servicio al cliente. Como ocurre con cualquier método eficaz de entrenamiento cruzado, su régimen de ejercicios deberá abarcar varias áreas interrelacionadas.

Hay cinco que son fundamentales: pericia técnica, habilidades interpersonales, conocimiento de los productos y servicios, conocimiento de los clientes y habilidades personales. Todas son críticas para su éxito.

Utilice las preguntas dadas a continuación para evaluar sus puntos fuertes y débiles. Sus respuestas pueden permanecer confidenciales, así que no tema ser crítico. Al mismo tiempo, es importante que se dé el mérito debido por las muchas cosas buenas y correctas que ya hace.

Pericia técnica o de sistemas

	No	Sí
1. Tengo la pericia y la capacitación necesarias para usar nuestro sistema de teléfonos y tecnología de comunicaciones.	☐	☐
2. Tengo la pericia y la capacitación necesarias para usar mi computadora y demás tecnologías en mi trabajo.	☐	☐
3. Sé cómo usar los sistemas y procedimientos de mi organización para atender a mis clientes.	☐	☐
4. Cuando necesito ayuda para usar nuestra tecnología o sistemas, la busco de forma oportuna.	☐	☐
5. Comprendo y puedo llenar los formularios que se exigen de mis clientes y de mí.	☐	☐

Habilidades interpersonales

	No	Sí
1. Conozco los comportamientos y actitudes que llevan a los clientes a decir: «¡Su servicio realmente es fuera de serie!»	☐	☐
2. Sé usar técnicas específicas para calmar a clientes enojados o frustrados.	☐	☐
3. Puedo mostrar empatía con el punto de vista del cliente.	☐	☐

4. Tengo perspectiva de mi propio tipo de
personalidad y cómo responder mejor
a los estilos de personalidad de los demás. ☐ ☐
5. Desarrollo un sentido de colaboración con
mis clientes y compañeros de trabajo. ☐ ☐

Conocimiento de los productos y servicios

	No	Sí
1. Puedo explicar cómo los productos y servicios de mi área contribuyen al éxito general de mi organización.	☐	☐
2. Puedo comparar nuestros productos y servicios con los ofrecidos por nuestros competidores.	☐	☐
3. Tengo la información que necesito acerca de productos o servicios nuevos o que están en planes de ofrecerse.	☐	☐
4. Conozco los términos técnicos y la jerga, pero puedo explicar los conceptos en «un castellano sencillo».	☐	☐
5. Conozco las preguntas más frecuentemente hechas y sus respuestas.	☐	☐

Conocimiento de los clientes

	No	Sí
1. Sé de qué se quejan los clientes y por qué cosas nos felicitan los clientes.	☐	☐
2. Sé por qué los clientes nos escogen a nosotros por encima de la competencia.	☐	☐
3. Conozco los «perfiles» de mis cinco clientes o grupos de clientes más importantes.	☐	☐
4. Sé cómo el servicio que proporciono impacta la manera en la cual los clientes nos evalúan en cuestiones de calidad.	☐	☐
5. Continuamente busco maneras en las cuales ofrecer «servicio fuera de serie».	☐	☐

Habilidades personales

	No	Sí
1. Enfrento el estrés del trabajo de modo constructivo.	☐	☐
2. Hallo nuevos retos y perspectivas, aun cuando hago «lo mismo de siempre» por los clientes.	☐	☐
3. Organizo y priorizo las cosas para efectuar las cosas correctas, en el orden correcto.	☐	☐
4. Cuando enfrento la frustración o el enojo de un cliente, no lo tomo como una ofensa personal.	☐	☐
5. El trabajo que desempeño ahora proporciona un paso importante hacia mis metas a largo plazo.	☐	☐

El aprendizaje es sistemático

Mantenga un «diario de aprendizaje», un cuaderno que siempre tenga a la mano, donde escribe preguntas y respuestas que le ayuden a definir mejor sus metas de aprendizaje y mejorar su desempeño de servicio. Organice sus esfuerzos: Usted no puede aprenderlo todo de una sola vez, así que ni lo intente. Enfoque su programa de aprendizaje de por vida en un área a la vez.

Adquiera capacitación

Utilice el espacio abajo o su cuaderno de aprendizaje para escribir cinco áreas de conocimiento o habilidades que le gustaría mejorar o añadir a su talento.

EDIFICANDO SU BANCO DE TALENTOS

1. _____
   _____
   _____
2. _____
   _____
   _____
3. _____
   _____
   _____
4. _____
   _____
   _____
5. _____
   _____
   _____

En el espacio siguiente, identifique dos cosas que podría hacer ahora mismo, sin tener que pedir permiso ni invertir una gran cantidad de dinero, para mejorar esas habilidades. Por ejemplo, podría pedirle a una compañera de trabajo que le explique cómo hace para mantener la calma cuando los clientes están al rojo vivo. O podría pedir asistir a la siguiente reunión de la Society of Consumer Affairs Professionals (SCAP), en Alexandria, Virginia; o de la International Customer Service Association (ICSA), en Chicago, Illinois; o de la Cámara de Comercio para escuchar a un expositor sobre habilidades en el servicio al cliente.

Ahora identifique dos cosas que requerirían un esfuerzo mayor de su parte y cooperación de los demás. Por ejemplo, tal vez quiera matricularse en una universidad local para obtener un título, o desee reunirse con su supervisor para averiguar cómo llegar a ser un experto interno en los sistemas de computadoras o tecnologías telefónicas de su área.

DOS COSAS A EXPLORAR EN EL FUTURO

1.

2.

Todo el que deja de aprender se hace viejo, ya sea que tenga veinte u ochenta años. Todo el que continúa aprendiendo sigue siendo joven. Lo mejor de la vida es mantener la mente joven.

—Henry Ford

37

Festeje abundantemente

¡Mereces un descanso hoy!

—Lema de McDonald's

Es cierto. Se merece un descanso hoy, ¡y todos los días! Es importante sacar tiempo para celebrar sus éxitos. Trátese bien por hacer un trabajo excelente. Nadie más puede celebrar tan bien como usted porque nadie más sabe lo bien que ha hecho su trabajo.

Si alguna vez ha pasado una hora, o diez, quejándose sobre los clientes torpes o los problemas imposibles de resolver (¿y quién no lo ha hecho?), recuerde la regla de igualdad de tiempo. Dedique tanto tiempo, o mejor aún, más tiempo a reconocer sus éxitos. De vez en cuando, salga con sus colegas y celebre mutuamente con ellos por sobrevivir y florecer en el trabajo que desempeña. ¿Es esto jactarse de sí mismo? Seguro que sí. Pero no existe razón para minimizar sus habilidades y logros. Y reconocer sus logros hoy ayudará a motivarle a regresar mañana en busca de más.

Aprendiendo a celebrar

Algunas personas parecen haber nacido sabiendo cómo darse a sí mismos, y a los que les rodean, palmaditas en las espaldas por un trabajo bien hecho. Pero para la mayoría de nosotros, celebrarnos a nosotros mismos no es algo que hacemos con facilidad. Nos abochorna cuando los demás empiezan a recitar nuestras virtudes, ni se nos ocurriría

contribuir con una estrofa o dos nosotros mismos. Esa es una actitud que los profesionales del servicio fuera de serie pueden, y deben,
aprender a dejar atrás. Concédase permiso de ser excelente. Así es:
Usted necesita tomar una decisión consciente de permitirse deleitarse
en una labor bien hecha. Una vez que lo haga, le garantizamos que le
encantará ese hábito.

¿Todavía piensa que le costará esto de los comentarios positivos?
Empiece practicando con otra persona. Agradézcale a un colega su
ayuda. Propóngase indicar a su supervisor algo bueno acerca de un
compañero de trabajo. Pase una sugerencia o truco que aprendió de
otra persona, y deje bien claro quién fue el que se lo enseñó.

Observe que todos estos ejemplos tienen un elemento en común.
Enfocan la atención primero en una acción o logro, luego en el individuo o los equipos involucrados. En otras palabras, no está celebrando
a una persona sencillamente por estimarla maravillosa. En lugar de
ello, está tomando nota de lo que hicieron y por qué fue excelente.
Ahora empiece a hacer algo igual con sí mismo.

Cinco maneras de celebrar

Existe un sinnúmero de maneras en las cuales usted puede reconocer
y divertirse con sus éxitos en el servicio. Pero escuche el consejo de
Buga la Tortuga.

Buga trató de celebrar su propio valor trepándose sobre las espaldas de sus tortugas compañeras. Eso dio resultado por un tiempo,
pero finalmente Buga sufrió el destino que comparten todos los que
se exaltan a sí mismos a costa de menospreciar a los demás: terminó
de cara al lodo. Erguirse sobre los méritos de sus propios éxitos en el
servicio significa celebrar victorias personales, pero también significa
buscar y celebrar las victorias de sus compañeros. Ensaye estas cinco
maneras de celebrar:

1. *Invítese a almorzar.* Regálese un almuerzo, cena o aun un desa-
yuno especial. Invite a un amigo o compañero de trabajo (o a varios) a

que le acompañen y, esta es la parte importante, asegúrese que sepan precisamente qué está celebrando y por qué.

2. *Lleve a un compañero de trabajo a almorzar.* Esta funciona de la misma manera que la sugerencia anterior, sólo que esta vez el motivo de la celebración es un buen desempeño del servicio que le ha inspirado o que le ha dado satisfacción adicional o motivación en su trabajo. Involucrar a varias personas refuerza el trabajo en equipo y la camaradería que hace que sea especial pertenecer a las buenas organizaciones de servicio.

3. *Compre globos, flores o algo divertido.* Un globo o flores frescas en su escritorio puede ser un símbolo de un logro reciente en el servicio. También alegran su espacio de trabajo y hacen saber a los demás que se siente bien por algo. Cuando le pregunten, tendrá oportunidad de explicarles, lo cual le hará sentirse mejor aún.

SUGERENCIA: Considere «hacer caminar» al premio improvisado que se ha presentado. Disfrute tenerlo en su escritorio por un día, luego páselo a un compañero de trabajo que acaba de enfrentar a un cliente infernal con gracia y aplomo.

4. *Haga una «lista de alardes».* Cuando ha dedicado mucho tiempo trabajando en las habilidades que le gustaría mejorar, es fácil olvidarse de celebrar los puntos fuertes que ya posee. Empiece una lista.

Cuando llegue el inevitable día malo y se sienta un tanto decaído, saque su hoja de alardes. Le ayudará a poner las cosas en la perspectiva adecuada.

5. *Dígase a sí mismo: «¡Hiciste bien!»* ¿Cree que es un tanto extraño que hable consigo mismo? No lo es. (Discutir consigo, por otro lado, despierta algunas sospechas.) Las buenas noticias mejoran al contarlas. Si no está listo para pregonarlo desde las azoteas, por lo menos dígase, verbalmente, con fuerza y sentimiento, que ha hecho un buen trabajo.

> **SUGERENCIA:** Sea específico. Dígase precisamente lo que hizo bien, mejor que lo que jamás había hecho en el pasado. O celebre a sus compañeros de trabajo: «Vi cómo manejaste a esa cliente. Te hizo preguntas difíciles, pero tenías todas las respuestas y ella salió de aquí sintiéndose bien. ¡Buen trabajo!»

Lo que se recompensa se repite.

—Axioma de incentivos y reconocimientos

Recursos

Para ayudarle con el proceso de aprendizaje de toda la vida, aquí ofrecemos una lista de recursos básicos y algo de espacio para que añada sus propios recursos.

Clientes como socios: Construyendo relaciones perdurables, Chip Bell (México: Edamex, 2000).

Desafío generacional, Ron Zemke, Claire Raines y Bob Filipczak (Buenos Aires: Javier Vergara, 2000).

Las 7 claves del éxito de Disney, Tom Connellan (México D.F.: Panorama, 1998).

El momento de la verdad, Jan Carlzon (Madrid: Díaz de Santos, 1991).

Índice

Performance Research Associates, Inc.

Performance Research Associates (PRA), fundada en 1972 por el fallecido Ron Zemke, autor de casi 40 libros acerca de la calidad del servicio y de la eficacia organizativa y uno de los líderes de la revolución del servicio a clientes en Estados Unidos, asesora corporaciones grandes y medianas al igual que organizaciones sin fines de lucro sobre temas de calidad del servicio, lealtad de clientes y creación de una cultura impulsada por clientes. PRA desarrolla estudios de eficacia organizativa y retención de clientes y crea estrategias para retener a clientes para una lista de empresas de primera, incluyendo GlaxoSmith-Kline, First Union Corporation, Aeropuerto Internacional Hartsfield Jackson Atlanta, American Express Financial Advisors, PriceWaterhouseCoopers, Prudential Insurance, Harley-Davidson, Bennington Capital Management, Dun & Bradstreet, CUNA, Wachovia Bank & Trust, Roche Diagnostic Systems, Oppenheimer Funds, Microsoft, Broadbase Software, General Reinsurance, Motorola, Parques Recreativos Universal Studios, Deluxe Corporation y la Turner Broadcasting System.

La firma tiene su sede en Minneapolis, Minnesota. Además del trabajo de consultoría de la firma, labora en la redacción, desarrollo de seminarios y disertaciones.

Como grupo, el equipo de PRA ha redactado más de cincuenta libros sobre negocios y varios miles de artículos. Ha desarrollado una docena de seminarios propios que gozan de éxito comercial, trece películas de capacitación obtenibles comercialmente y varios instrumentos propios para la evaluación de organizaciones. El trabajo de los socios de PRA toca a cientos de miles de personas por año en las corporaciones de Estados Unidos y más allá. Para consultar sobre cómo PRA pudiera ayudar a su organización, por favor llame al teléfono 612/338-8523 o envíe un correo electrónico a PRA@socksoff.com.

Mis ideas para continuar aprendiendo en las áreas de:

Pericia técnica o de sistemas

_____

_____

_____

_____

_____

_____

_____

_____

Mi plan

_____

_____

_____

_____

_____

_____

_____

_____

Habilidades Interpersonales

_____

_____

_____

_____

_____

_____

_____

_____

_____

Mi plan

_____

_____

_____

_____

_____

_____

_____

_____

_____

Conocimiento de los productos y los servicios

_____

_____

_____

_____

_____

_____

_____

_____

_____

Mi plan

_____

_____

_____

_____

_____

_____

_____

_____

_____

Conocimiento de los clientes

_____

_____

_____

_____

_____

_____

_____

_____

_____

Mi plan

_____

_____

_____

_____

_____

_____

_____

_____

_____

Habilidades personales

_____
_____
_____
_____
_____
_____
_____
_____
_____

Mi plan

_____
_____
_____
_____
_____
_____
_____
_____
_____

Áreas para explorar en el futuro

_____

_____

_____

_____

_____

_____

_____

_____

_____

_____

_____

_____

_____

_____

_____

_____

_____

_____

_____

_____

_____

_____

_____

_____